憲法から世界を診る

人権・平和・ジェンダー

［講演録］

辻村みよ子

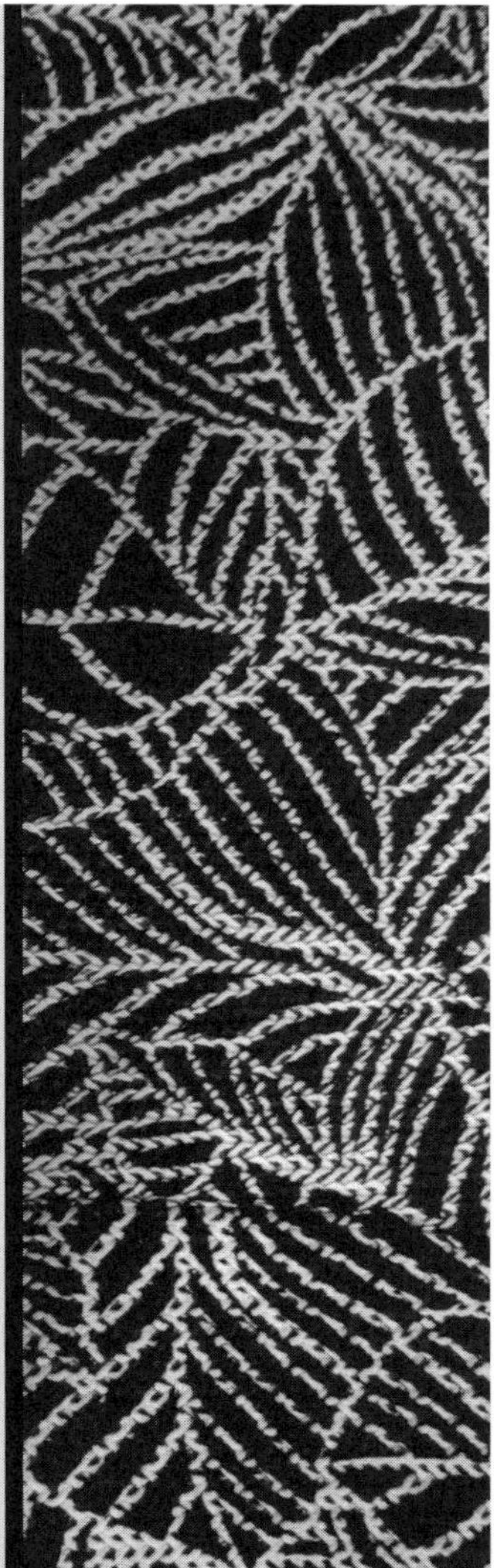

法律文化社

はしがき

憲法研究者として独り立ちしてから、三〇年以上の歳月が流れました。とくに、一九九九年に東北大学に着任した後は、国公立大学法学部初の女性の憲法学教授として、多くの仕事に携わってきました。国内外のシンポジウムや講演会で報告する機会をたくさん与えて頂き、多くの皆さまから講演録の出版を勧めて頂きました。それが、このたび実現する運びとなり、こんなに嬉しいことはありません。

東京、仙台、広島、大阪、堺、名古屋、横浜などの国内各地や、パリ、ミラノ、ヘルシンキ、オタワ、ソウル、北京など世界各地の講演会等でお会いした研究者・学生・市民の皆さまのお顔や場面を思い出しながら、今回、改めて、これまでの講演原稿を再構成することにしました。時期や場所、言語が異なれば話しぶりも変わりますので、講演会の臨場感をどこまで活かすかが課題でしたが、この本では、思い切って前口上やアドリブの部分をカットして、本論だけを、二〇一一年の状況におきかえてまとめることにした次第です。

どの講演でも、私の研究者としての歩みなどを開陳してきましたので、最初に少し自己紹介させて頂きます。

私は、東京で生まれ、生後六ヶ月から広島で育ちました。養父母が被爆者だったこともあり、平和と憲法のために尽くしたいと願って法学研究者を志しました。実父と実兄が理工系の大学教授だったことからすれば私も理系の血筋かもしれませんが、学園紛争の激化した一九六八年に一橋大学法学部に入学しました（当時は、一学年八〇〇人中、女子学生は一〇人、法学部では二人だけでした）。大学院修士課程のとき初めてパリに短期留学し、歴史図書館で出会ったのが、オランプ・ドゥ・グージュの「女性の権利宣言」です。当時はフランスでもあまり知られてなかった史料を集めて帰国後、翻訳等を法律雑誌で公表し、フランス一七九三年憲法（ジャコバン憲法）の人民主権論に関する博士課程単位修得論文を提出して、憲法学研究者としての道を定めました。

ところが、当時の憲法学界は大変な男性社会で、「女性は憲法には向かない」などの言説があり、一橋大学助手や非常勤職の四年間を経て、ようやく成城大学法学部専任講師の職を得ました（フランス法担当、後に憲法担当）。その後、フランス革命二〇〇周年が幸いしてか、学位論文『フランス革命の憲法原理』（日本評論社、一九八九年刊）で渋沢・クローデル賞を受賞し、夫と二人の娘とともに一年間、パリ第二大学での研修の機会も得ることができました。東北大学法学部教授として単身赴任した後は、二一世紀ＣＯＥ「男女共同参画社会の法と政策」、グローバルＣＯＥ拠点リーダーなどの仕事が忙しくなり、ジェンダー法学会理事長や内閣府男女共同参画会議議員も務めることになりました。

私の場合は主権論や選挙権論などの基礎理論研究（いわば男性学問）を先行させ、ジェンダー研究の封印？を解いたのは四〇歳のころですが、今後は、男女を問わず、ジェンダーの視点に立った憲法学研究が重要になることでしょう。

その意味で、本書では、人権、主権、平和、ジェンダーの問題を関連づけて論じることに主眼をおいています。憲法や平和の問題に関心のある読者の皆さまは、ぜひ男女共同参画やジェンダー問題に、また、ジェンダー問題に関心のある方は、ぜひ平和や憲法の問題にも関心を持って頂いて、私がこれまで拙いながらも考えてきた、憲法の基本原理をトータルに実現するために、協力しあってゆければ幸いです（そのための読書案内は、巻末のあとがきをご覧ください）。

とくに、二〇一一年三月一一日の東日本大震災とフクシマ原発事故のあとは、安全な環境の中で生きる権利（本書第**1**章で検討する環境権・平和的生存権）や、新しいコミュニティづくりのための男女共同参画と多文化共生（本書第**5**－**6**章）がいっそう重要になってきました。本書の視点から、わずかでも展望がひらけることがあれば嬉しく思います。

辻村みよ子

目次

第3章　二つの憲法観と人権・家族――61

第5章　ジェンダー平等と多文化共生――114

■憲法から診た男女共同参画の課題

第1章 「人権としての平和」と日本国憲法

■人権・平和・ジェンダーの相互関係

最初に、「『人権としての平和』と日本国憲法」というテーマを掲げました。それは、二一世紀を真に「人権の世紀」にするためには、戦争という最大の人権侵害行為を廃絶し、世界の平和を実現するための課題を検討しなければならないと考えるからです。そのためには、従来のような「国家権力の発動としての戦争」、その否定としての「平和」という見方ではなく、平和と人権との関係に焦点をあてて考えてみたいと思います。

いうまでもなく、今日の国際社会において、人権を謳歌しようと思っても戦争状態では人権は享受できません。また、戦争が最大の人権侵害であるという認識が一般化してきたように思われる反面、日本国憲法前文[*1]に掲げられた平和的生存

＊1　前文第二段「日本国民は、恒久の平和を念願し、人間相互の関係を支配する崇高な理想を深く自覚するのであつて、平和を愛する諸国民の公正と信義に信頼して、われらの安全と生存を保持しようと決意した。われらは、平和を維持し、専制と隷従、圧迫と偏狭を地上から永遠に除去しようと努めてゐる国際社会において、名誉ある地位を占めたいと思ふ。われらは、全世界の国民が、ひとしく恐怖と欠乏から免かれ、平和のうちに生存する権利を有することを確認する。」

権の構造など、人権と平和の関係をめぐる理論についてさらに検討する余地があるように思われます。

また、ここでは平和主義の問題にジェンダー[*2]という性別に関する視点を加えた議論を展開してみたいと思います。それは私自身が、最近ジェンダーと人権、平和との関係を考察し、国際シンポジウムなどで報告する機会が増えたためでもありますが、新たにジェンダーの視点を加えることで、一層、問題が明瞭になると考えるからです。

*2　一般には、社会的・文化的に形成された性差・性別のことを指すと定義されています。これについては、本書第**4**章、第**5**章で検討します。

一　「人権としての平和」論の意義

「人権としての平和」論は、人権論の視座から平和の理論を構築する議論であり、一九六〇年代に高柳信一教授によって提唱されました。[*3] 高柳教授は、「多数決によって決定される『政策』としての平和……ではなく、地上における最大の悪を拒否する『人権としての平和』……でなければならず、私どもは、平和をそのようなものとして再獲得しなければならない」と指摘されました。

日本国憲法九条によって平和が憲法上の規範になったことによって、「国民が人権として要求できるものになった」のです。また、高柳教授は、この「人権としての平和」の思想は、良心的兵役拒否の権利のような「内面的自由にたてこも

*3　高柳信一「戦後民主主義と『人権としての平和』」世界一九六九年六月号（井上ひさし・樋口陽一編『「世界」憲法論文選』岩波書店（二〇〇六年）二〇九頁以下）参照。

る個人的自由」ではなく、「民主主義と自由の文明的成果を最高度につかって」戦争政策を告発し、それに加担する政府の行為を糾弾する「人類連帯的・行動的理念」であると述べられました。

日本の憲法学界では、ほぼ同時代から平和的生存権に焦点が当てられ、生命権に基礎を置く理論構成も提唱されています。

私もまた、平和と人権との相互依存関係について、以前から注目してきました。平和的生存権の二一世紀的意義をとくに重視する立場をとっていますが、最近では、ジェンダーの視点を加えて三極構造として捉えています。それは二〇世紀後半以降、女性差別撤廃条約や「北京綱領」など多くの国際文書で女性と平和の問題が取り上げられ、女性の人権の視座から、いわば、「国際女性人権論」が展開されてきたことによります。最近では学際的研究をふまえたジェンダー法学研究の成果が蓄積されつつあり、憲法学にとっても重要な視座を提供していると考えています。

このような観点から、まずは平和・人権・ジェンダーの三極構造として捉えたうえで、「人権としての平和」論の憲法理論的再構築を図ることがここでの目的です（**図表1－1**）。

図表1－1　平和・人権・ジェンダーの相互関係

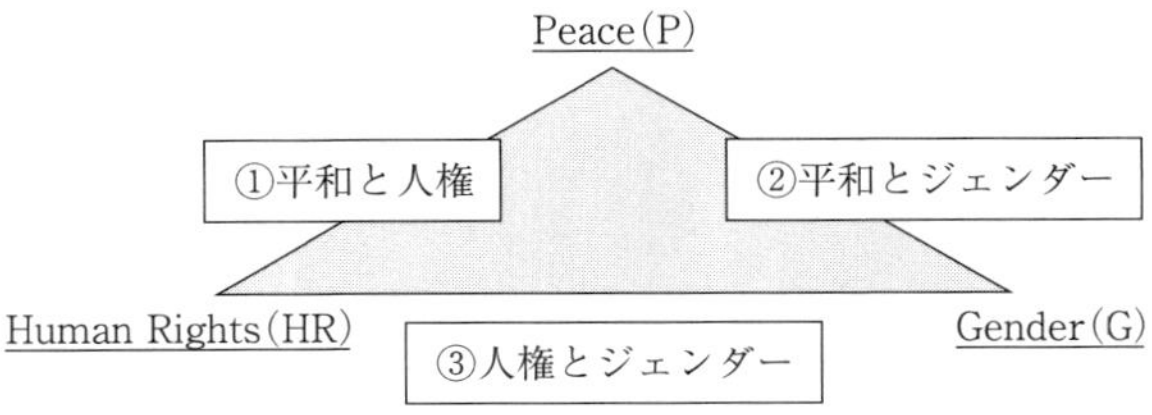

二　平和と人権の相互依存関係

1　平和と人権

まず、平和と人権との関係についてみておきましょう。これについてはすでにその相互依存関係が明らかにされています。第二次大戦後には、国連を中心とする国際的な人権条約のもとで、人権が国際的に保障されてきました。

一九四五年の国連憲章[*4]は、国際平和の維持を課題とする国際連合の目的の一つとして人権尊重を掲げました。その後しだいに、平和の問題が人権論の展開のなかに位置づけられるようになりましたが、最近では、「人間の安全保障」という形で、人権への視点が明確にされるようになってきました。この視点は、一九九四年の国連開発計画の報告書のなかで明らかにされ、やがて、ご承知のとおりアマルティア・センや緒方貞子さんを委員長とする国連の「人間の安全保障委員会」での議論を経て、よく知られるようになりました。これが「人権としての平和」の考え方の基礎になりますが、第二次大戦後の歴史的展開をみておきましょう。

＊4　第一条三項は「すべての者のために人権及び基本的自由を尊重するように助長奨励することについて、国際協力を達成すること」を目的の一つに掲げています。

2　歴史的展開

(1)「人権なければ平和なし」「平和なければ人権なし」

国連憲章に続いて、一九

四八年の世界人権宣言は、前文で「人類社会の全構成員の、固有の尊厳と平等で譲ることのできない権利とを承認することは、世界における自由、正義及び平和の基礎である」と宣言して、人権が平和の基礎であることを明らかにしました。一九六六年に採択された国際人権規約のA規約・B規約も、ともにこの世界人権宣言の前文を確認しています。ここでも、人権が、平和の基礎である、という関係が示されています。

これに対して、国際人権年の一九六八年にテヘランで開催された世界人権会議[*5]では、平和が人権の実現にとって不可欠であるという関係が示されました。

このように人権と平和の相互依存性に基づいて「人権なければ平和なし」、「平和なければ人権なし」の原則を掲げることは、その後、一九七九年の女性差別撤廃条約（本書第４章参照）や一九八五年の「ナイロビ将来戦略」等の女性の地位に関する諸文書に継承されています。

例えば、女性差別撤廃条約前文の第一〇パラグラフ以下[*6]では、平和が男女の権利の完全な共有に不可欠であることを確認することによって、「平和なければ平等・人権なし」の原則に到達しました。また、「ナイロビ将来戦略」では反対に、「平和は……すべての基本的人権の享受により……促進」される、と述べて「人権なければ平和なし」の原則を再度明らかにし、平和の概念について重要な示唆を与えました。一九八二年の「平和のための女性の参画に関する宣言」では、女

＊５　テヘラン宣言前文で「平和は人類の普遍的な熱望であり、平和と正義は人権及び基本的自由の完全な実現にとって不可欠である」ことが示されました。

＊６　「アパルトヘイト、あらゆる形態の人種主義、人種差別、植民地主義、新植民地主義、侵略、外国による占領及び支配並びに内政干渉の根絶が男女の権利の完全な享有に不可欠である」「平和は、あらゆる分野において女性が男性と平等の条件で最大限に参加することを必要としている」ことなどを確認しています。

性の権利の十分な享受と平和における女性の参加促進こそが、国際の平和と協力に貢献する、という内容を明らかにし、「男女共同参画なければ平和なし」、「平和なければ男女共同参画なし」、という原則を明確にしました。

(2) 「平和への権利」(国連)と平和的生存権(日本国憲法)

さらに、この流れに呼応して、平和に関する人権として、「平和への権利」の議論も出現しました。一九七八年一二月一五日に国連総会で採択された「平和的生存のための社会の準備に関する宣言」[*7]は、平和のうちに生存する権利を明らかにしています。ついで一九八四年一一月一二日に国連総会は「人民の平和への権利についての宣言」を発し、これをうけて翌一九八五年一一月一一日には「人民の平和への権利」に関する決議を採択しました。

こうして、「平和への権利」は、国際人権規約の「生命に対する権利」や、日本国憲法の「平和的生存権」の観念とも重なりあいをもちながら、多くの国際文書のなかで言及されるようになりました。

三　平和的生存権の意義と構造

1　「新しい人権」としての平和的生存権

日本国憲法前文の「平和的生存権」は、ルーズヴェルト大統領の「四つの自

＊7　「すべての国民とすべての人間は、人種、信条、言語または性のいかんにかかわりなく、平和のうちに生存する固有の権利をもっている」と述べています。

由」[*8]の教書（一九四一年）や大西洋憲章に依拠したと考えられています。しかし、これらの文書では、欠乏・恐怖からの自由と平和的生存を掲げたにとどまったのに比して、日本国憲法では、これを権利として確立したことに大きな意義がありました。人権の発展段階論において、平和的生存権が「二一世紀的人権」あるいは「第三世代の人権」として評価される所以ですが、人権の現代的展開については、後に第４章で検討します。

いずれにしても、日本国憲法が平和的生存権を明示したことは、国際条約における「平和への権利」論の先取りとしての意味をもちました。

反面、憲法前文では、平和的生存権の主体が「全世界の国民」とされているため、実定憲法下の裁判規範性を消極的に解する傾向にもつながり、その主体や権利内容をめぐって多くの理論的課題が残っていることも事実です。

しかし、日本国憲法では、国際条約上の「平和への権利」が自衛戦争の放棄を含めた戦争の全面否定にもとづいてないのと異なって、憲法九条[*9]で戦争の全面放棄と非武装を掲げたことによってその意味内容が具体化されています。前文と九条が結合することで、日本国民の戦争拒否の権利、政府に対する平和請求権としての（狭義の）「平和的生存権」が保障されたと解することができます。

「平和的生存権」は、それ自体、人権として定立されているために、平和の問題を人権論に組み込むための重要な概念であり、世界の平和主義に理論的基礎を

＊8　「四つの自由」とは、①言論と表現の自由、②礼拝の自由、③欠乏からの自由、④恐怖からの自由、を意味していました。

＊9　第九条「日本国民は、正義と秩序を基調とする国際平和を誠実に希求し、国権の発動たる戦争と、武力による威嚇又は武力の行使は、国際紛争を解決する手段としては、永久にこれを放棄する。
二　前項の目的を達するため、陸海空軍その他の戦力は、これを保持しない。国の交戦権は、これを認めない。」

与えるものとして今後も重要なポイントであり続けると思われます。これらの人権は、国家が戦争を開始した場合の国民の差止請求権としての「平和確保に対する国民の権利」や、国家のために他国の人民の生命や身体を傷つけさせられない権利、すなわち国家によって人殺しを強制させられない権利、あるいは、思想・良心の自由にもとづく良心的兵役拒否の権利などと構成することができるからです。

2　日本国憲法の平和的生存権の構造

(1)　法的権利性・根拠

平和的生存権の法的権利性を承認する積極説では、その法的根拠について、①前文を主たる根拠とするもの、②憲法九条が客観的な制度的保障の意味をもつとして九条を根拠とするもののほか、③憲法前文・九条のほか一三条[*10]、憲法第三章の諸条項によって複合的に保障された権利として捉える見解（深瀬忠一説）などがありますが、④前文を直接の根拠規定としたうえで一三条・九条を含めて広く捉える見解（山内敏弘説ほか）が有力です。私見では、九条を有する日本国憲法の前文に明示されている以上、その法的権利としての性格を承認し、「平和的手段によって平和状態を維持・享受する権利」と解することを妥当と考えます。ただし、根拠規定を前記③や④のように捉える場合には、憲法前文が「全世界の国民」の権利とした平和的生存権（広義）と、九条・一三条

＊10　第一三条「すべて国民は、個人として尊重される。生命、自由及び幸福追求に対する国民の権利については、公共の福祉に反しない限り、立法その他の国政の上で、最大の尊重を必要とする。」

から抽出される個人の実定的権利としての平和的生存権（狭義）との分離が必要であるといえます。

また、前文のいう、恐怖と欠乏からのがれて平和のうちに生存する権利が、憲法一三条の生命・自由・幸福追求への個人の権利の保障という形で具体化されたことにより、日本国憲法下の「平和的生存権」の主体を個人として捉えることができ、戦争の全面的放棄を前提とする生命・自由への侵害の排除と平和的環境の維持、平和的環境での生存を請求する権利等を主たる内容とする権利（自由権的性格と請求権的性格をあわせもつもの）と解することができるでしょう。

同時に、憲法一三条の解釈にあたっても、前文の「平和的生存権」と九条の戦争否定の内容と整合的に解釈することが要請され、「公共の福祉」の内容に国防・有事への対応等を含ませることで人権制約を正当化することは許されないと解すべきです（この点は、第3章六八頁参照）。

(2) 権利主体　日本の憲法学説では、権利の主体について、(a)国民・個人と解する立場、(b)民族とする立場、(c)個人と民族の両者に分かれると解されてきましたが、上記のような広義・狭義の区別を加えることで、権利主体も明確にすることができると思われます。すなわち広義・狭義に区別する私見を前提とすれば、狭義の平和的生存権について、これを個人の権利と捉える(a)説が妥当となります。

(3) 裁判規範性　また、裁判規範性、すなわち裁判の際の根拠規範にできるかどうかという点についても、これを否定する説と肯定する説に分かれ、後者も、国民全体に原告適格を認める立場と限定的に捉える立場に分かれます。これに対して判例では、長沼訴訟一審判決[*11]やイラク派兵違憲訴訟控訴審判決が裁判規範性を認めた以外は、長沼訴訟二審、百里基地訴訟一審・控訴審・上告審[*12]などいずれも裁判規範性を認めていません。

しかし、平和的生存権の裁判規範性を否定する見解の根拠は、おもにそれが抽象的概念であることや前文の裁判規範性の否定に依拠しており、今日では、とくに二〇〇八年四月一七日のイラク派兵違憲訴訟控訴審判決（名古屋高裁判決[*13]）などの出現によって、説得力を失いつつあるようにみえます。

イラク派兵違憲訴訟は、レバノン駐在の特命全権大使であった原告が、国に対して、イラク特措法に基づいてイラクに自衛隊を派遣したことが、憲法九条に違反するとして、違憲の確認と派遣差し止め、さらに、平和的生存権の侵害として、国家賠償法による損害賠償一万円を請求した事例です。第一審の名古屋地裁判決は、確認と差し止めの訴えは不適法として訴えを却下し、損害賠償請求については請求を棄却したため、控訴人が控訴したものです。名古屋高裁判決（青山裁判長）は、結論的には、原審と同様に解して控訴を棄却しましたが、理由のなかで、平和的生存権の裁判規範性を認め、イラク派兵の違憲性を認めた画期的なものでした。

＊11　一九七三年九月七日札幌地裁判決（福島重雄裁判長、判例時報七一二号二四頁）が初めて、自衛隊を憲法違反と判断して注目されました。樋口ほか後掲『新版　憲法判例を読みなおす』一一一頁以下［山内執筆］、福島ほか後掲『長沼事件　平賀書簡』参照。

＊12　自衛隊基地のための土地売買契約をめぐる訴訟。最高裁一九八九年六月二〇日判決（民集四三巻六号三八五頁）等参照。

＊13　名古屋高裁判決につき、樋口ほか後掲［山内執筆］二五頁以下、毛利後掲書、判例時報二〇五六号七四頁、裁判所ウェブサイト http://www.courts.go.jp 下級裁判所判例集参照。

すなわち、この判決では、平和的生存権を「すべての基本的人権の基礎にあってその共有を可能ならしめる基底的権利」とし、「具体的権利性が肯定される場合がある」[*14]と認めたことに大きな意義が認められます。ここでは、抽象的概念であることなどを根拠に権利性を否定してきた従来の見解について「平和的生存権のみ、平和概念の抽象性などのためにその法的権利性や具体的権利性の可能性が否定されなければならない理由はない」として一蹴している点が注目されます。

上記の理解を前提にすれば、法的権利性も裁判規範性も認めることが可能と思われます。さらに二〇〇九年二月二四日には、イラク派兵違憲訴訟岡山第三次訴訟に対する岡山地裁判決（判例時報二〇四六号一二四頁）において「徴兵拒絶権、良心的兵役拒絶権、軍需労働拒絶権等の自由権的基本権として存在し」、またこれが具体的に侵害された場合は、「不法行為法における被侵害法益としての適格性があり、損害賠償請求ができることも認められる」いう踏み込んだ判断が示されたことが注目されます。もっとも、第三次訴訟のほかの判決では、まったく逆の判断が示されていることも事実です。

＊14　判決は、「憲法九条に違反する戦争の遂行等への加担・協力を強制されるような場合には、…裁判所に救済を求めることができ…その限りで、平和的生存権には具体的権利性がある」とのべています。

四　平和憲法の諸類型

1　比較憲法的考察

このような見方を補強するものとして、比較憲法的研究が重要な意味をもつと考えています。一九四六年の日本国憲法制定時には、諸国の憲法では侵略戦争の放棄を掲げていたにすぎないのですが、日本国憲法が戦力不保持と完全な戦争放棄を明示した点で、「世界に名誉ある地位を占める」画期的意味をもっていたといえます。しかし、その後、新たに独立したアジア・アフリカ・中南米諸国の憲法のなかに平和主義条項をもつものが増え、二一世紀初頭の現在では、成文憲法を有する一八〇カ国以上の諸国のうち、一二〇カ国以上で、平和に関連する憲法規定をもつに至っていることが知られています。[*15]

ただし、このために、憲法改正を支持するある論者は、今日ではすでに多くの国の憲法に平和規定があるのだから九条は特別な意義はもたない、という議論をしているようですが、比較憲法的な検討結果では、やはり日本国憲法が特別の地位を得ていることが分かります。種々の平和条項をもつ憲法が存在しますが、概ね以下の七つに分類[*16]することが可能でしょう。

＊15　国立国会図書館編「世界各国憲法における国防・軍事・平和主義規定」レファレンス三一巻八－一〇号参照。なお、西修「世界の現行憲法と平和主義条項」では一四八カ国におよぶことが指摘されています。（http://www.komazawa-u.ac.jp/~nishi/Nishi-text/Heiwa_cons1.thm）

＊16　辻村後掲『比較憲法（新版）』二五六頁以下参照。

2　七つの類型

(i)　抽象的な平和条項を置く国——フィンランド、インド、パキスタンなど

二〇〇〇年三月施行のフィンランド憲法では「フィンランドは、平和と人権保障、および社会の発展のための国際協力に参加する」と定めています。

また、インド憲法（一九四九年制定・現行）では、第四編の国家政策の基本原則に関する五一条で、国の責務の一つとして、「国際平和及び安全を促進すること」「諸国民との、正当にして名誉ある関係を維持すること」「国際間の紛争を仲裁により過帰結するように努めること」などを定めています。インドやパキスタンのように核兵器を保有する国でも抽象的な文言で平和を原則としていることがわかりますが、このことは、中国も同様です。中華人民共和国憲法（一九八二年制定・現行）は、前文で、堅持すべき五原則のなかに「主権と領土保全の相互尊重、相互不可侵、相互内政不干渉、平等互恵及び平和共存」を含めています。

(ii)　侵略戦争・征服戦争の放棄を明示する国——フランス、ドイツ、大韓民国など

侵略戦争・征服戦争の放棄を規定した憲法には、一七九一年のフランス憲法をはじめ、多くの憲法が存在します。なかでも第二次大戦後に制定された憲法では、フランス第四共和制憲法前文[*17]のように征服戦争を放棄した憲法がいくつかあります。フランスでは、現行一九五八年憲法前文で、一九四六年憲法前文を尊重すると宣言し、さらに憲法院がこれらに憲法規範性を認めたことで、征服戦争放棄規

＊17　「フランス共和国は、征服を目的とするいかなる戦争も企図せず、かつ、いかなる人民の自由に対しても、決して武力を行使しない」と述べています。初宿・辻村編後掲『新解説　世界憲法集（第二版）』二六八頁参照。

定は現行の憲法規範として存続しています。

ドイツでは、一九四九年制定のドイツ連邦共和国基本法二六条一項[*18]で侵略戦争を違憲と定め、兵役義務等に関する詳細な規定を憲法一二条a（一九六八年改正で追加）で定めていますが二〇〇〇年に改正しました（この点は後にふれます）。

また、大韓民国では、現行一九八七年憲法五条[*19]で侵略的戦争放棄を規定したほか、大統領の軍の統帥権（七四条）や兵役義務（三九条）に関する規定をおいています。

(iii) 国際紛争を解決する手段としての戦争を放棄し、国際協調を明示する国——イタリア・ハンガリーなど

イタリアでも、一九四七年憲法の一一条[*20]で「国際紛争を解決する手段として」戦争を放棄し、自衛戦争等を想定した規定があることから、日本の九条を、イタリア、ハンガリー、エクアドルの三国の憲法規定と同分類にする見解が散見されます。[*21] しかし、イタリア憲法では、兵役義務（五二条）や戦争状態の決定（七八条）等の規定が明示されているのに対して、日本国憲法では、これらの戦争を前提とした規定が一つも置かれてないという点に、質的差異を認めなければならないでしょう。

また、ハンガリー共和国憲法でも、六条一項で紛争解決の手段としての戦争を否定しつつ、二九条二項では、大統領に軍隊の指揮権を認めて「軍隊及び警察」についての規定（四〇A―C条）をおき、国防と徴兵の規定を明記しています（七〇

＊18 「諸国民の平和的共同生活を妨げ…侵略戦争の遂行を準備するのに役立ち、そのような意図をもってなされる行為は違憲である。これらの行為は処罰するものとする」。初宿・辻村編前掲一七三頁参照。

＊19 「大韓民国は、国際平和の維持に努め、侵略的戦争を否認する」初宿・辻村編前掲三九五頁参照。

＊20 「イタリアは他の人民の自由を侵害する手段および国際紛争を解決する方法としての戦争を否認する。イタリアは、他国と等しい条件の下で、各国の間に平和と正義を確保する制度に必要な主権の制限に同意する。」初宿・辻村編前掲一二八頁参照。

＊21 西前掲論文、『よくわかる平成憲法講座』一九三―一九四頁参照。

条H条)。このようにみると、紛争解決手段としての戦争放棄という規定だけをみて日本国憲法と同類にすることはできず、これもまた、(ii)の類型に近いものといわざるをえないでしょう。

(iv) 中立政策を明示する国——スイス、オーストリアなど

オーストリアでは一九二九年憲法が基本的に現行憲法として機能していますが、一九七五年に九a条に総合的国防目標規定が追加され、国防の任務のなかに「永世中立を擁護し防衛することである」と明記されました。永久中立の政策自体は、一九五五年に「オーストリアの中立に関する連邦法律」のなかで定められ、永世中立国として国際法上承認されてきました。

一方、代表的な永久中立国であるスイスでは、オーストリアのように永久中立が明記されているわけではありません。一九九九年制定の現行憲法では、憲法前文では「独立及び平和を強化するために」と定められ、議会が中立保持の措置をとるべきことが定められました。[*22] 反面、軍の規定については、「スイスは、軍をもつ。軍は、基本的に、非専業原則に基づいてこれを組織する」(五八条一項)として、軍隊の保持を憲法上明示しています。

なお、中立政策を採用して、憲法上に中立が示されている国には、ほかに、カンボジア、マルタ、モルドバなどがあり、外国軍の駐留の禁止も明示されています。

*22 「連邦議会は、スイスの対外的安全、独立及び中立の保持のための措置を講じる」(第一七三条一項a)

(v) 核兵器等の禁止を明示する国――パラオ、フィリピン、コロンビアなど

核兵器の恐怖をふまえ、核軍縮の国際的機運が生じた一九八〇年代以降に制定された太平洋沿岸諸国、中南米諸国等の憲法には、核・生物・化学兵器の禁止を明記したものが登場しました。

南太平洋のパラオでは、一九八一年憲法一三条で、また南米のパラグアイでは一九九二年の憲法八条二項で、コロンビアでは一九九一年憲法の八一条で、「化学兵器、生物兵器または核兵器の持ち込み、所有及び使用は、核及び有毒廃棄物の国内への持ち込みと同様に、禁止される」という規定がおかれました。さらにこれらの規定が、健康な環境を享受すべき環境権の観念と結びついていることが注目されます。これこそ、二一世紀の世界の憲法課題を示すものといえるでしょう。ここには、核戦争や科学兵器の恐怖のなかで、武力によって平和を維持することが困難であるという認識にたって、世界の軍備を憲法によって抑制しようとする軍縮への意思と期待が込められているということができます。

(vi) 軍隊の不保持を明示する国――コスタリカなど

軍隊をもたない国として注目されているのが、中米の小国コスタリカです。近隣諸国で紛争やクーデターが絶えない地域にあって、コスタリカは、一九四九年一一月七日制定の憲法一二条*23で、常備軍を廃止しました。

この一二条では、大陸協定（実際には米州機構、米州援助条約など）の要請、また

*23 「①常設制度としての軍隊は禁止される。②警備及び公共秩序の維持のためには、必要な警察隊を置く。③大陸

は自衛の必要があるときは、軍隊の保持も可能とされています。しかし、実際には、コスタリカでは六〇年以上も軍隊は設置されず、治安と国境警備にあたる市民警察隊（Civil Guard）、別名警察隊（Police force）が設置されてきました。憲法上、自衛のための軍隊がもてるにもかかわらずこれを設置しなかったコスタリカでは、教育・福祉予算の比率を高めることができ、識字率・平均寿命等において途上国では最高水準を維持してきました。さらに、一九八三年にモンへ大統領が非武装・中立宣言を行い、一九八七年に中米紛争（ニカラグア・エルサルバドル紛争等）解決と中米和平に貢献したとして、次期のアリアス大統領がノーベル平和賞を受賞しました。

一九八三年の「コスタリカの永世的・積極的・非武装中立に関する大統領宣言」は、コスタリカの中立が永世的であり、積極的かつ非武装であることを強調しました。同時に、その前文[*24]のなかで、軍隊復活は絶対にせず、仲介や調停、人道的救済に努めることを明らかにしています。このように、憲法条文よりもむしろその平和主義の実践において、コスタリカが注目を集めているのです。

隣国のパナマでも、一九七二年制定の憲法が一九九四年に改正され、パナマ共和国は軍隊を保有しない」という規定をもっていますが（現三一〇条）、同時に国家の独立と領土の保全のために武装することも定められています。今日では、コスタリカ、パナマのほかにも、現実に軍隊をもたない国が太平洋のミクロネシア

協議によるか、もしくは国の防衛のためにのみ、軍隊を組織できる。いずれの場合においても、軍隊は文民の権力に服する。軍隊は、個別的であると集団的であるとを問わず、評議をし、示威行動をし、あるいは宣言を発してはならない。」

＊24 「国民は、平和のために尽くすことを誇りにしている。…教育・文化・健康管理及び社会福祉のために、すなわち、人間の全面的発展としての平和のために軍隊の予算をあてることが、われわれコスタリカ人にとっては価値があった。」

連邦、パラオ共和国、ヨーロッパの小国など、二七カ国[*25]もあることが知られており、平和主義の現実と将来を考える素材が与えられています。

(vii) 戦争放棄・戦力不保持と平和的生存権を明示する国――日本　以上のような検討からすれば、憲法の条文上で戦争放棄・戦力不保持と平和的生存権をともに明示する国として、日本が、他国とは異なる位置にあることが理解されるでしょう。諸国の憲法における平和条項を比較しても、日本のそれが特別の位置にあることを否定することは困難であると思われます。

ただし、歴史的・比較憲法的にみて日本国憲法が重要な意義をもつとしても、いうまでもなく実態は憲法規定から大きくかけ離れています。防衛費の額では、アメリカ・中国・フランス・イギリス・ロシア・ドイツについで世界第七位の地位にあるようで（SIPRI二〇〇八年調査結果）、れっきとした軍隊としての自衛隊が、日米安全保障条約のもとで海外派遣されている実態があります。

以上の七つの類型の比較は、憲法条文上のものであり、政府解釈や実態を加味すれば世界で唯一の類型に位置づけることは不可能となります。ただ、このように、憲法規範と実態がかけ離れてしまったから、憲法を改正して実態にあわせるべきだという議論が強まっているようにみえますが、果たしてそうでしょうか。少なくとも、世界の多数の国が平和条項を憲法に明記し、非核や軍縮の方向性を明らかにしている現在であるからこそ、日本国憲法がそのもっとも徹底した理想

＊25　前田後掲『軍隊のない国家――二七の国々と人々』参照。

型を世界に示していることの意味を重視すべきである、と私自身は考えています。

この点は、外国で講義や講演をするときいつも問題となります。実は一九九九年から四年間（各年二〜三月）にわたって、パリ第二大学の比較法研究所で集中講義をした経験は貴重なものでした。九条の解釈論をくわしくみて、非武装条項を解説した直後に、当時世界第四位の軍隊があることを述べたときには、皆、呆気にとられ、笑い出してしまった学生たちもいたほどです。しかし、九条の制定から、朝鮮戦争を契機にした再軍備のいきさつや最高裁が統治行為論を採用して自衛隊の合憲性を明確にしなかった事情、判決の動向などを歴史的に解説して、日本が現実には非武装平和主義を実現しえていないにしても、平和的生存権と九条を併せもつ理念の確立という点で、世界に対して重要な問題提起をしえたのではないかという形で話を結ぶと、それなりの理解が得られました。学生たちにレポートのテーマを自由に選択するように求めたところ、ほとんどの学生（大学院生など毎年二五名程度）が、九条と平和的生存権をレポートのテーマに選び、「人権としての平和」という発想に賛意を示してくれました。手書きで一生懸命作文してくれたことに対して、私の方でも、涙が出るくらい嬉しく思いました。

これに対して、日本の大学などでは、学生たちは非常にさめていて、現実主義的な議論になります。九条解釈で自衛隊が憲法違反になるのであれば、即、憲法を改正するしかないとか、北朝鮮や中国の脅威がある限り自衛隊などの軍備は絶対必要である、という意見が圧倒的多数です[*26]。しかし、軍事力は相対的なものですから、脅威をいい始めれば、すべての国よりも強い軍事力、すなわち世界で一番にならない限り危険があるということになってしまうでしょう。今日はこのような現実の問題には、あまり踏み込まず、解釈論を見ておきます。

五　日本国憲法解釈の課題

1　憲法九条の現状と課題

憲法制定過程では、「平和愛好国の先頭にたって」戦争放棄を表明したことは極めて重要な意味をもっており、日本政府も、当初は九条二項によって自衛戦争も放棄したと解する基本的立場に立っていました。しかししだいに、憲法制定直後の解釈を変更して、自衛のための最小限度の実力は保持できると解して、自衛隊の拡大強化に努めてきたわけです。

政府の憲法解釈の現状は、先のイラク派兵違憲訴訟判決でも確認されたように、自衛のための最小限度の武力行使は許容され、武力行使目的でない海外派遣も許されるというものです。五五年体制といわれた長期の独裁体制を維持してきた自民党政権では、党是としての憲法改正（自主憲法制定）をめざしつつ、議席が、憲法九六条の要求する総議員の三分の二を超えそうになれば明文改憲[*27]、それがで

＊26　ただし、徴兵にも賛成するのか、という議論については、学生の多くは「自分だけ外国に逃げる」という考えのようです。これに対しては、以前、憲法再生フォーラム主催のシンポジウムで、今は亡き加藤周一先生が、戦争や徴兵の状況下で外国に逃げるなどということがいかに非現実的であるかを、若い人に是非伝えておきたい、といわれたことを思い出します。「嘘だと思うならやってみればいいが、その時に気がついて反対しても、もう遅いのです」とおっしゃいました。

＊27　手続につき、本書第**2**章参照。明文改憲の歴史は、辻村後掲『憲法（第三版）』五三八頁以下参照。

きない時は解釈改憲（憲法解釈の変更によって事実上憲法規範を変える便法）の政治を続けてきました。戦後の憲法政治は、明文改憲と解釈改憲の二頭立ての馬車によって引かれてきたのであり、どちらが先頭に立つかという違いがあっても、いずれにしても改憲の方に向かって進んできたといえます。

これに対して憲法学説では、（九条一項・二項ともに自衛戦争は放棄していないと説く部分的放棄説はごく少数ながら存在しますが）大多数の憲法学説は、九条一項全面放棄説*28もしくは九条二項全面放棄説の立場にたって、日本国憲法では自衛戦争も含めてすべての戦争と軍備を放棄したと解しています。

とくに通説である九条二項全面放棄説は、第一項の解釈については部分的放棄説、すなわち、第一項の解釈では自衛戦争や制裁戦争は放棄されてないが、第二項で一切の戦力の不保持と交戦権が否認された結果、自衛戦争・制裁戦争を含めてすべての戦争が放棄されたと解するものです。これにより、今日まで自衛隊違憲説が導かれてきたわけです。

ちなみに司法府は、長沼事件第一審札幌地裁判決（一九七三年九月七日）（前注＊11参照）で、上記の九条二項全面放棄説を支持したほかは、最高裁判所も、高度に政治的な問題について司法府は判断できないとする統治行為論等を用いて、九条の解釈を明らかにしていません。しかし、日本国憲法が、前文で平和主義の先駆的意義と平和的生存権を明示し、九条で戦争の放棄と戦力の不保持を定めたこ

＊28　九条一項の「国際紛争を解決する手段としては」の解釈について放棄する戦争を限定しない解釈を前提に、九条一項の解釈においてすでに、自衛戦争も含めたすべての戦争を放棄したと解するもので、二項の解釈は一項を確認しさらにこれを具体化するためのものと解する見解。学説につき、芦部信喜（高橋補訂）『憲法（第五版）』岩波書店（二〇一一年）五六頁以下参照。

とを整合的に捉えるならば、大多数の学説が支持する解釈が妥当であると考えられます。

もっとも、最近では、学説のなかに、上記のような通説的な憲法解釈を変更して、「穏和な平和主義」の立場を主張し、従来の内閣法制局の解釈を支持することで憲法改正の必要性に疑問を呈する立場[*29]も認められます。これについては憲法学界でも批判がありますが[*30]、全体的にみれば、ゆるやかな「護憲的改憲論」（軍事大国化を阻止するために、専守防衛のための自衛隊を合憲とし、歯止めのために改憲を主張する立場）などが強まっているようにみうけられます。しかし、これまでの非軍事平和主義ないし絶対的平和主義の立場や九条の存在が、徴兵制や軍事大国化を阻止してきたという効用を直視することも重要なことだと考えます。今日はこの点には深入りしないで、平和的生存権の問題について、先に進みます。

2　平和的生存権再構築の課題

平和的生存権の構成については、先にみたとおりですが、これについては学界でも一致しているわけではなく、その他の諸権利と併せて、憲法の「人権としての平和」の全体構造を明らかにすることが課題となっています。

すなわち、上記の広義の平和的生存権については、国際人権法・国際人道法の展開によって、国連の「平和に対する権利」と同旨の権利として大きな意義が認

＊29　東京大学の長谷部恭男教授は、その著書『憲法と平和を問い直す』筑摩書房（二〇〇四年）一七一頁以下で、準則（答えを一義的に決める法規範、ルール）と、原理（ある方向へと導く力として働くにとどまる法規範で、表現の自由等と同様に合理的な制約には服すものである）とを区別し、憲法九条はそのうちの後者であるという議論をしています。

＊30　愛敬後掲『改憲問題』一五一頁以下参照。

められています。比較憲法的検討によって先の類型論の(v)類型の諸憲法のなかで示されたように、単に個人の生存権という位置づけだけではなく、地球環境保全や核廃絶のための環境権としての位置づけが重要な意味をもつと考えられます。

とくに狭義の「個人の権利」としての平和的生存権の「内包」と「外延」を精査することが今後の課題となると思われます。「内包」の点は、先のイラク派兵違憲訴訟名古屋高裁判決（本書一〇頁参照）が、「具体的権利性が肯定される場合がある」と認めた点に意義があることは確かですが、実際には、例示されたような「憲法九条に違反する戦争の遂行等への加担・協力を強制されるような場合」などに、どのような条件下で個人的権利が承認されるべきか、なお不明です。私見では、上記のように「生命・自由への侵害の排除と平和的環境の維持、平和的環境での生存を請求する権利（例えば、憲法違反の政府の行為によって生命・自由を侵されない権利など）」のような内容を念頭においていますが、イラク派兵など具体的な事例においてその権利性をいかに判断するか、という課題は今後も依然として存在するでしょう。この点は、「人権としての平和」論の中心に位置する平和的生存権論の構造を明らかにする上で、今後も重要な課題であり続けることになると考えます。

さらに、平和的生存権の周辺に位置する種々の人権（「外延」）についても「人権としての平和」論構築の観点からこれを明らかにすることが必要です。この点では、例えば、一三条の（侵害排除請求権としての）生命権、幸福追求権、環境権、二五条[*31]の（社会権＝請求権としての）生命権、環境権、生存権、一四条・二四条の平等権、一九条[*32]の思想良心の自由と二〇条[*33]の信教の自由（良心的兵役拒否権、国家により殺傷を強制されない権利等）、二一条[*34]の表現の自由（国家の行為に対する批判の自由など）、三一条以下の適正手続保障、一五条の参政権（主権者の意思決定権行使による平和の維持、主権者国民〈市民〉の権利としての平和維持権など）が構想できるでしょう。

すでにみたように、イラク派兵違憲訴訟高裁判決では、「戦争や武力行使をしない日本に生存する権利」や「徴兵拒絶権、良心的兵役拒絶権、軍需労働拒絶権などの自由権的基本権」などを平和的生存権の内容として捉えており、これらの権利が、憲法九条・一三条を根拠に、日本国民に保障されているという解釈を今後も積極的に論究してゆく必要があると思います。

六　ジェンダー視点の導入

1　人権・平和・ジェンダーの関係

(1)　人権とジェンダーの関係　ここで、最初に問題提起したジェンダー視点を加えた分析に移ります。人権とジェンダーの関係については、女性差別撤廃条約

＊31　第二五条「すべて国民は、健康で文化的な最低限度の生活を営む権利を有する。二　国は、すべての生活部面について、社会福祉、社会保障及び公衆衛生の向上及び増進に努めなければならない。」

＊32　第一九条「思想及び良心の自由は、これを侵してはならない。」

＊33　第二〇条「①信教の自由は、何人に対してもこれを保障する。いかなる宗教団体も、国から特権を受け、又は政治上の権力を行使してはならない。②　何人も、宗教上の行為、祝典、儀式又は行事に参加することを強制されない。」

＊34　第二一条「①集会、結社及び言論、出版その他一切の表現の自由は、これを保障する。」

や「北京綱領」などで女性に対する人権保障が強調されてきましたし、女性に対する暴力の撤廃が問題になってきました。その背景には一九九〇年代から「女性の権利は人権である」という形で議論された女性の人権論の展開がありました。

反面、女性の自己決定権や職業選択の自由などを根拠とする軍隊への参加が増加して、女性兵士の人権問題が出現しました。これは、セックスワーカーの場合などと同様に、ジェンダーと人権の関係においてフェミニズムとリベラリズムが対立する争点でもあり、女性兵士をめぐる問題[*35]は「フェミニズムの難問」として解決困難な問題を提起しています。

(2)　平和とジェンダーの関係　これについては、すでに女性差別撤廃条約等がその関係を指摘していたことをみてきましたが、平和（戦争・軍隊）とジェンダーとの関係をめぐって、戦争の被害者・犠牲者としての女性の人権侵害やグローバリゼーションや開発による「女性の貧困化」、女性の抑圧などが論じられてきました。

例えば、二〇〇五年版の防衛白書には、女性自衛官の写真（下）があります。イラクに行って、女の子に折り紙を教えている、という写真ですが、ここには、まさにジェンダー・バイアス（性による固定観念）が現れています。女性自衛官は平和的な活動に役立っているといいたいのでしょうが、例えば、男性自衛官が防衛の任務をしているときに、女性自衛官は折り紙を教えている、というのはど

＊35　詳細は、辻村後掲『憲法とジェンダー』第九章、二六〇頁以下参照。

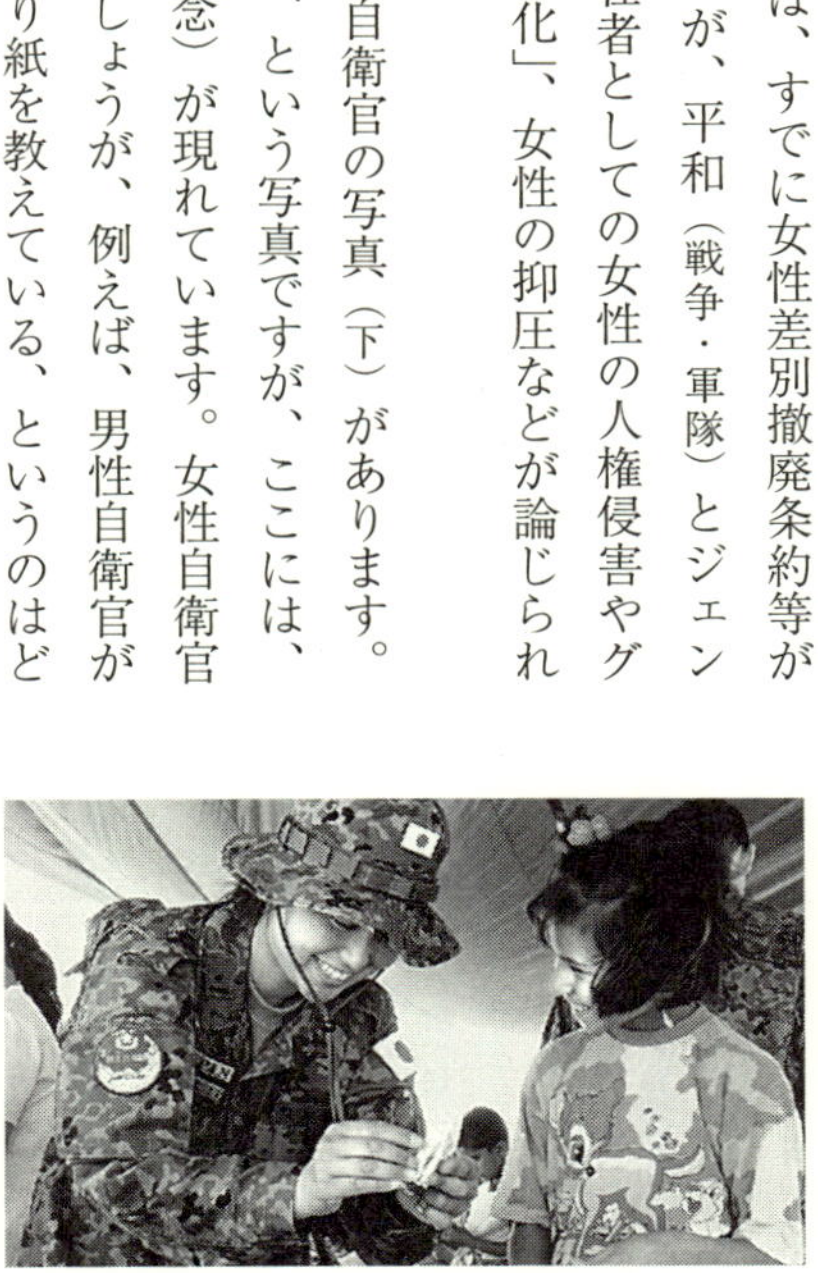

イラクの少女に折り紙を教えている女性自衛官（『日本の防衛（平成一七年度版）』第四章より）http://www.clearing.mod.go.jp/hakusho_data/2005/2005/image/17d40000.html

うなのでしょうか。性別役割分業論ないし特性論にねざした固定観念でしょうか。この写真を国際シンポジウムの時に映写しましたら、皮肉とも侮蔑ともつかないような笑い声が上がりました。日本ではあまり議論がありませんが、いま、自衛隊でも女性自衛官は一万人をこえています。そこでは性犯罪やセクシュアル・ハラスメントなどもあることから訴訟も起こっていますが、女性兵士問題を日本で本格的に問題にする議論は少ないようです。

(3)　平和・人権・ジェンダーを総合する視点

このように平和・人権・ジェンダーのそれぞれ二極間の関係が問題とされてきましたが、三極構造全体について議論を深める必要があると考えています。とくに、女性兵士の問題は、このような三極関係の中心に位置しうるため、この問題を例にとって検討してみましょう（図表1－2参照）。

欧米諸国では軍隊内の「女性の戦闘職種解禁」が進み、女性兵士をめぐって「フェミニズムの分断」をもたらすことになりました。とくにアメリカでは、ＮＯＷ（全米女性機構）などのフェミニズム運動の本流が、リベラル・フェミニズムの立場から軍隊への女性の参加を要求し、湾岸戦争時には「女性にも戦闘参加の自由を」と叫んで女性兵士の職種を拡大させたのです（参戦女性兵士は四万人・一二％にもおよびました）。これに対する反対論は、第二波フェミニズムに属する諸派、例えば母性主義を前提とするエコロジカル・フェミニストや、女性解放の

図表1－2　三者構造からみた女性兵士問題

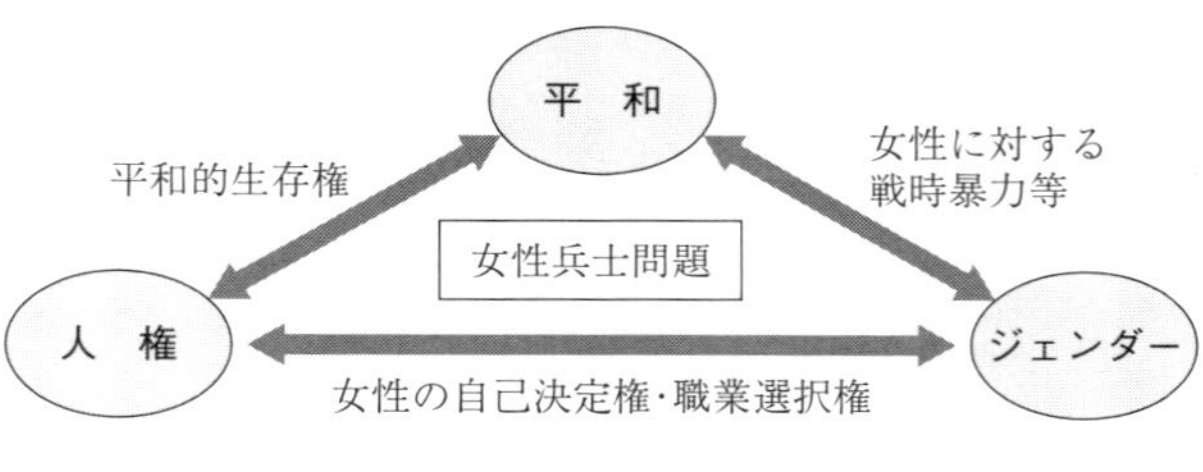

視点を反戦・平和と結びつけるラディカル・フェミニスト（本書一一五頁注＊2参照）などによって支持されました。

2　徴兵をめぐる憲法規定とジェンダー

(1)　徴兵とジェンダー　次に憲法論との関係では、徴兵制をめぐる憲法規定が問題となります。例えば、スイス憲法（二〇〇一年一月施行）五九条[＊36]は、性差による別異取扱いを認めています。

ドイツでも、基本法一二a条に、男子については一八歳から軍隊等の役務を負うのに対し、女子については、一八歳から五五歳まで医療施設等で徴用できることのほか「女性はいかなる場合にも、武器をもってする役務を給付してはならない」という規定がありました。[＊37]このため戦闘部署での勤務を禁じていたことに対して女性電気技師から提訴があり、欧州裁判所がEUの職業平等法違反を認定したため、二〇〇〇年一二月に基本法が改正され、「女性はいかなる場合にも、武器をもってする役務を義務づけられてはならない」と修正され、志願による戦闘参加が認められた経緯があります。

この背景には、女性を一般的に戦闘職種から排除していたドイツ国内法の諸規定をEUの平等取扱指令違反と断じた二〇〇〇年一一月一一日の欧州司法裁判所クライル（Kreil）判決がありました。ここでは、女性の職業選択の自由という人

＊36　第五九条「①スイス人男性はすべて、軍事役務を遂行する義務をおう。②スイス人女性については、軍事役務は自由意思に委ねる。」

＊37　ドイツ連邦共和国基本法の例についても、詳細は辻村後掲『憲法とジェンダー』二五八頁参照。

権が根拠とされました。

(2) 徴兵と性差の関係

確かに女性の職業選択の自由や自己決定権が問題になりうるとしても、そこからいくつかの疑問が生じます。第一に、徴兵制における男性兵士の権利侵害はどうなるのか、です。この点は、なぜ男性のみに対する徴兵制や強制的戦闘参加が正当化されるのかを一般的に問題にしなければならないでしょう。これについては、男性の戦闘能力の相対的高さが強制理由に含まれることは否定できず、兵役は戦闘能力のある壮健な男性（「真の公民」）の義務と捉えられます。その義務を正当化するものが、国民国家の論理であることはいうまでもありません。兵役を、国民国家の構成要素としての公民資格要件（シティズンシップ）に関わらせることによって、国民国家への男性市民の包摂と、女性の公民権からの排除（女性の二流市民化）の論理が正当化されてきたからです。アメリカ合衆国最高裁判所も一九八一年 Rostkar 判決において、徴兵のための登録を男性のみに義務づける連邦法を合憲と判断していました。

第二に、なぜ、女性については強制でなく志願制なのか、女性に対して兵役参加を強制してはならない理由が問題となります。この点は、(i)女性の非戦闘的性格、男性との能力差などの特性や本質が理由とされ、女性の参加による軍事的効率の低下などが指摘されることがあります。しかし軍備のハイテク化がそのような議論を不可能にしたこともあり、この論点を一般化しえないことはすでに確認済みです。これに対して、多少とも説得力があるようにみえるのは、(ii)母性保護の観点から、生命の再生産という性役割をもつ女性の「母体の健康」を守るためという理由です。しかし、これについても、湾岸戦争下の米軍のイラク攻撃時の劣化ウラン弾が障害児の出生に影響したことなどを想起すれば、戦争から女性だけを保護する理由がないことは明白となります。現代では、戦闘行為等によって生命・身体を害されない権利や、戦争への協力を拒否する権利は、女性だけでなく男性にもある、といわなければならないでしょう。

もし、このような議論が成り立つとすれば、戦争による身体的被害、さらには戦争という人権侵害（加害）行為から保護される権利（国家に対する保護請求権）の主体として男女が同等であることが導かれるはずであり、男性兵士の人権などについても人権論からの理論的再検討が不可欠となるでしょう。

(3)「人権アプローチ」の有効性――被害者から「担い手」へ

国際人権論の土俵で平和や軍縮の達成が男女の人権確立に不可欠であることが表明された背景には、女性を武力紛争の被害者と捉える視座があります。実際、国連「女性に対する暴力撤廃宣言」（一九九三年）や、国際刑事裁判所（ＩＣＣ）規定における「性的暴力」の明示などは画期的なことでありました。

しかし、議論はこのような「女性に対する暴力の否定」にとどまってはいません。女性の特性論に根ざした「本質主義」からの脱却による平和志向の論理、すなわち、女性の戦闘参加以外の男女共同参画の論理を貫く方向が明確化されてきました。紛争解決の意思決定への男女の同等な参画や軍縮促進が強調され、「女性の参加なければ平和なし」という関係が明らかにされてきたわけです。単なる「女性＝被害者」の視点や、旧来の「女性＝平和志向」という特性論に立脚した女性差別撤廃論・「女性の人権」論を超えて、軍縮・平和による男女の人権確立と、平和への男女共同参画をめざす方向が明確にされました。いわば、戦争の被害者としての女性から、反戦・平和の「担い手」としての女性へ、特性論から「担い手」論へ、「女性の人権から男女の人権、男女共同参画へ」という理論の進化がここにあるといえます。

例えばニューヨーク女性二〇〇〇年会議の「成果文書」が掲げる「紛争防止・紛争解決・紛争後再建・平和創造・平和維持・平和構築を含む開発活動及び和平プロセスにおける、意思決定及び実行のあらゆるレヴェルへの女性の完全な参加」という方針には、女性兵士型とは異なる男女共同参画が念頭にあることが窺えます。

このような女性に対する暴力の否定から、「担い手」論に進化させる理論を強化するためには、戦争自体が人権侵害であるという観点を明確にして、男女共同参画（ジェンダー平等）の課題が人権保障のための反戦・軍縮・平和のための意思決定参加と一致することを明らかにすべきでしょう。

3　ジェンダー視点の導入によって明らかになった今後の課題

(1)「人権としての平和」研究のマトリクス

上記のように、平和・人権・ジェンダーの三極構造を問題にすること（とくにジェンダー視点を導入すること）によって、戦争の本質、女性排除の理由や男性のみの徴兵制等に含まれる問題が明らかになったように思われます。この点は、上野千鶴子教授の問題提起[*38]が重要です。上野教授は、「『慰安婦』問題が女性の『人権侵害』として言説構成されるのならば、『兵士』として国家のために殺人者となることもまた男性にとって『人権侵害』であると、立論することが可能だ。人権論はそこまでの射程をもつだろうか。『慰安婦』問題が突きつける問いは、たんに戦争犯罪ではない。戦争が犯罪なのだ」と鋭く指摘しました。これに対して、私の方から、人権論の射程について「イエス」と応答したところです。良心的兵役拒否論だけでなく、平和的生存権や「平和への権利」の法理を強化してきた日本の憲法学や国際人権論の展開には、戦争を人権の力で超越する「人権としての平和」論を獲得した点で大きな意義を見出すことができるからです。

同時に、X軸（平和・戦争）、Y軸（男性・女性）、Z軸（人権重視・人権軽視）という三次元マトリクスにおいて導出される八つのディメンションのうちで、女性兵士など女性の人権と平和に関連する研究が進展する裏面で、男性の人権と平和に関する研究が不足していることがわかります。これはジェンダー人権論やジェ

＊38　上野千鶴子『ナショナリズムとジェンダー』青土社（一九九八年）一九九頁。

ンダー学の研究成果に比して、普遍的な人権論（近代以降、男性（man）＝人間の権利として認識されてきた人権論）自体に課題が残されているためでもあります（図表1－3参照）。

(2)　三次元構造　八つのディメンションは、(a)戦争×男性×人権重視（男性の参戦の権利など）、(b)戦争×女性×人権重視（女性の参戦の権利、女性兵士の職業選択の自由、軍隊内の男女平等問題など）、(c)平和×女性×人権重視（女性の参戦拒否権、女性の平和的生存権など）、(d)平和×男性×人権重視（男性の良心的兵役拒否・参戦拒否権など）、(e)戦争×男性×人権軽視（男性兵士の戦場での人権侵害など）、(f)戦争×女性×人権軽視（女性兵士の戦場での人権侵害、ナショナリズムに依拠する女性の参戦など）、(g)平和×女性×人権軽視（人権批判論にたった女性の平和主義論、女性を平和主義者とする本質主義的理解）、(h)平和×男性×人権軽視、のように区分されます。

このうち(b)・(c)・(g)など女性の人権と平和に関する議論が進んでいますが、(a)・(e)・(h)などは未検討の領域といえることがわかります。

(a)には男性の人権にとっての戦争の意義が含まれます。(e)には戦場におけるレイプなどの男性兵士による人権侵害の例などが含まれます（図表1－4参照）。こ

図表1－3　三次元構造からみた課題：平和・人権・ジェンダー

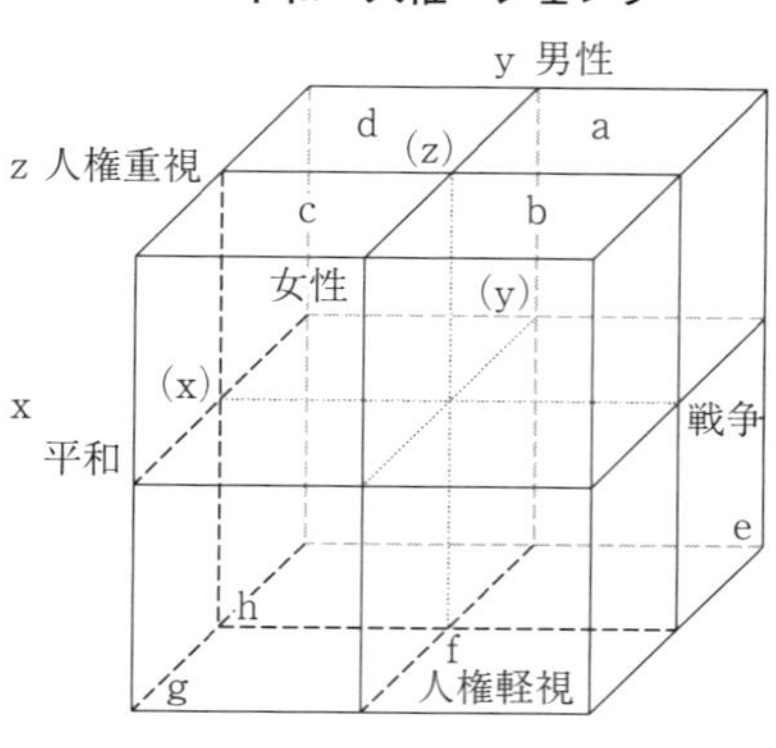

こでは、戦争に駆り出される男性兵士の人権侵害、戦争の本質と男性性との関係など（男性学研究）が、今後の重要な研究課題となるであろうことがわかります。平和的生存権や戦争協力拒否権など人権論としての「平和への権利」を理論化する視点をもって、平和・人権・ジェンダーの構造的・多面的理論分析が今後一層進展することを期待したいと思います。

七　まとめ——平和の担い手と「市民主権」への展望

国連等をはじめとする「人間の安全保障」論や「平和への権利」論の展開のおかげで「人権としての平和」論の骨格はかなり明確になってきたようにみえます。しかし、国連軍等の武力攻撃容認論を伴うこれらの議論は、憲法九条と一三条を基礎とする日本国憲法のそれとは本質的に異なる点も否定できません。

比較憲法的考察によって(iv)のイタリア型や(vi)のコスタリカ型との相違点が明確にされたとおりです。（自衛隊の現実を離れて）日本国憲法の理論的構造論を見た場合には、前文で平和主義の理念と広義の平和的生存権を明示し、さらに九条の非武装平和主義と

図表１－４　三次元分析から見えてきた空白領域

	Peace / War	gender Men / Women	human Rights ＋－
(a)戦争×男性×人権重視	戦　争	男　性	人権重視(HR ＋)
(b)戦争×女性×人権重視	戦　争	女　性	人権重視(HR ＋)
(c)平和×女性×人権重視	平　和	女　性	人権重視(HR ＋)
(d)平和×男性×人権重視	平　和	男　性	人権重視(HR ＋)
(e)戦争×男性×人権軽視	戦　争	男　性	人権軽視(HR －)
(f)戦争×女性×人権軽視	戦　争	女　性	人権軽視(HR －)
(g)平和×女性×人権軽視	平　和	女　性	人権軽視(HR －)
(h)平和×男性×人権軽視	平　和	男　性	人権軽視(HR －)

一三条の生命権・幸福追求権（および環境権など）によってその具体的内容を限定的に明らかにすることで狭義の平和的生存権を国民個人の実定的・法的権利として保障したうえで、さらには、一八条[*39]、一九条、二五条や一四条・二四条等の第三章の諸権利と関連づけてその保障を担保しようとしたものであると解することができます。ここでは、まさに戦争に加担することを拒否し、平和的な環境のなかで生存する権利という形での「人権としての平和」の体系が形成されているということができるのです。

ジェンダー視点導入からみえてきた課題もすでにのべましたが、女性の問題だけでなく、男性兵士の人権など男性学研究の進展が今後の課題になります。

さらに加えれば、憲法上の基本原理としての基本的人権尊重、国民主権、平和主義の間には、それぞれ相互依存的な関係があり、国民主権の原理も、基本的人権や平和主義を保障するために機能することが求められます。

すなわち、人権を実現するために国民主権があり、主権者は、人権保障や平和の確保のために「担い手」となるべく政治的権力を行使することが求められます。この場合の国民主権を、具体的な市民（政治的意思決定能力者）の総体としての人民に主権があるとするプープル主権、ないしは「市民主権」の論理によって理解するならば、みずからの政治的意思決定によって平和や人権を維持することが必要となります（この点は、第2章で論じます）。とくに、平和の「担い手」としての

＊39　第一八条「何人も、いかなる奴隷的拘束も受けない。又、犯罪に因る処罰の場合を除いては、その意に反する苦役に服させられない。」

主権者市民がその役割を十分果たすためには、選挙等の主権行使の機会に、（先のイラク派兵や女性兵士の決定など）平和主義にかかわる意思決定において、選択肢が明確に提示されていることが大前提となります。「市民主権」のもとでは、主権者である男性市民と女性市民は、自らの主権者としての地位と主権行使において、自らの人権と平和を実現する責務を有するといえるのではないでしょうか。この問題は、第**2**章で検討することにしますが、「平和の担い手としての主権者市民」、さらには主権者市民の構成員である女性市民と男性市民にとっての「人権としての平和」の二一世紀的な意義を、今こそ問い直すときだと思います。

〔参考文献〕

辻村みよ子「『人権としての平和』論の再構築――平和主義の『ジェンダー化戦略』を契機として」山内敏弘先生古稀記念論文集（浦田一郎ほか編）『立憲平和主義と憲法理論』法律文化社（二〇一〇年）

――『憲法（第三版）』日本評論社（二〇〇八年）

――『憲法とジェンダー』有斐閣（二〇〇九年）

――『比較憲法（新版）』岩波書店（二〇一一年）

Miyoko TSUJIMURA,"La Constitution Japonaise et son Pacifisme", 辻村みよ子『フランス憲法と現代立憲主義の挑戦』有信堂（二〇一〇年）

――Gendering Strategy for Peace as a Human Right: Toward the Construction of an Anti-Military Theory, in Mikako Iwatake, (ed.), *New Perspectives from Japan and China*, Renvall Institute Publications, Helsinki, 2010

愛敬浩二『改憲問題』筑摩書房（二〇〇六年）

川口創・大塚英志『「自衛隊のイラク派兵差止」判決文を読む』角川書店（二〇〇九年）

河上暁弘『日本国憲法第九条成立の思想的淵源の研究』専修大学出版局（二〇〇六年）
小林武『平和的生存権の弁証』日本評論社（二〇〇六年）
初宿正典・辻村みよ子編『新解説世界憲法集（第二版）』三省堂（二〇一〇年）
千葉眞『「未完の革命」としての平和憲法』岩波書店（二〇〇九年）
深瀬忠一・上田勝美・稲正樹・水島朝穂編『平和憲法の確保と新生』北海道大学出版会編（二〇〇八年）
樋口陽一・山内敏弘・辻村みよ子・蟻川恒正『新版　憲法判例を読みなおす』日本評論社（二〇一一年）
前田朗『軍隊のない国家——二七の国々と人々』日本評論社（二〇〇八年）
毛利正道『平和的生存権と生存権が繋がる日——イラク派兵違憲判決から』合同出版（二〇〇九年）
吉岡逸夫『「平和憲法」をもつ三つの国——パナマ・コスタリカ・日本』明石書店（二〇〇七年）

第2章 憲法政治と平和

■問われる市民主権

ここでは、日本の憲法政治と平和の問題を、市民主権の視点から見直してみたいと思います。その際に、前章で検討した人権と平和との関係に加えて、国民主権と人権、国民主権と平和との相互関係も明らかにし、国民主権を、現代的な市民主権として活性化してゆく方向をめざします。

一 憲法政治と「立憲主義」

憲法政治とは、「憲法に従って行われるべき政治」のことを指します。憲法を制定することによって政治権力者の権力をおさえるのが「立憲主義」[*1]で、日本国

＊1 近代立憲主義と外見的立憲主義については、本書第3章六三頁以下参照。

憲法はこの原理に立脚しています。したがって政治権力の担当者は、厳密に憲法の定めるところに従って政治を行わなければなりません。

憲法に従って政治をするというのは、日本国憲法に従って政治をするということです。憲法に直接明記されていない事柄についても、憲法原理に従って厳格に解釈すべきであり、憲法に書いてないからといって、何でも自由にできるわけではありません。また、いうまでもないことですが、憲法に従って政治をするということは、明治憲法（大日本帝国憲法、以下、旧憲法）[*2]に従うことでもなければ、旧憲法以来の原則や社会通念、「常識」・「格言」などに従って政治をすることでもありません。

この点は、例えば、二〇〇二年に小泉政権下で有事法制（後述、四六頁以下参照）が準備されたとき、「備えあれば、憂いなし」という言葉で正当化されたことが問題になりました。当時は、「有事に対して……対応をとることは、政治の要諦である。国家としてもっとも必要な仕事だ」という議論がされました。しかし、仮に「政治の要諦」であるとしても、もしそれが憲法で禁止されていたら、それに従ってはいけないわけです。ましてや、有事法制によって人権が脅かされることがあれば、それこそ逆に、憲法政治に「憂い」が増すことになってしまいます。

有事法制の問題は、この意味でも、「立憲主義」を考える際に重要な多くの課

＊2　大日本帝国憲法は、第一条「大日本帝国ハ万世一系ノ天皇之ヲ統治ス」、第三条「天皇ハ神聖ニシテ侵スヘカラス」、第一一条「天皇ハ陸海軍ヲ統帥ス」、第一四条「天皇ハ戒厳ヲ宣告ス」と定めていました。

題を提起しましたのでのちに検討することにしますが、ここでは先に、この憲法政治が依拠しなければならない憲法の基本原理の相互関係について確認しておきたいと思います。

日本国憲法の基本原則ないし基本原理とは、もちろん「国民主権」「基本的人権の尊重」「平和主義」の三つであり、これは小学生でも知っていることです。しかし、「国民主権」については憲法制定過程との関連で大きな論争がありましたし、この三つの相互関係については、十分に論じられてきませんでしたので、ここで改めてみておきましょう。

二　日本国憲法制定過程と国民主権

1　憲法制定過程の「特殊性」

日本国憲法は、大日本帝国憲法の「改正」という形態をとりつつ、これとまったく異なる内容をもって成立しました。このような日本国憲法の憲法史的意義については、比較憲法史的意義と「特殊日本憲法史的意義」を認めることができます。前者は、比較憲法的に見て、日本国憲法の内容は、近代憲法原理を備えるとともに二〇世紀的な現代型人権規定をもっており、近代立憲主義憲法の嫡流にあるという意義です[*3]。にもかかわらず、後者の日本憲法史的意義からみれば、原理

＊3　日本憲法史や憲法制定過程の詳細は、辻村後掲『憲法（第三版）』第二章（三一頁以下）、立憲主義については、本書第3章六六頁以下参照。

のうえでは近代立憲主義憲法に属しつつ、それとは異なる外見的立憲主義の憲法である旧憲法の「改正」によって成立したことから、憲法改正の限界をめぐる議論や「国体論争」が生じてきました。

実際、一九四五年七月二六日に発せられたポツダム宣言（第二次大戦終結のための最後通牒）を受諾するのが遅れたために、広島・長崎の原爆投下やシベリア抑留の悲劇を生んだわけですが、八月一五日のポツダム宣言受諾と終戦によって、旧憲法の原理が否定されました。その後、幣原内閣のもとで新憲法制定（旧憲法「改正」）作業が進められますが、旧憲法原理を維持した憲法問題調査委員会試案が一九四六年二月一日の毎日新聞のスクープによって公表されたことから、マッカーサー三原則を基本とする憲法草案の作成が総司令部民政局で始まりました。その後、九日間の憲法草案起草作業（ベアテ・シロタ草案などを含む）を経て作成された総司令部案が二月一三日に日本政府に提示され、二二日にこれを受け入れることが決定されました。この過程で、総司令部の「押しつけ」があったことから、いわゆる「押しつけ憲法」論が強固に存在し、これが戦後の改憲論の根拠として憲法政治のなかで一貫して展開されてきたわけです。

しかし、今日では、マッカーサー草案（総司令部案）起草過程で参照された「憲法研究会案」やその他の原資料が注目され、その背景に伏流していた自由民権期の私擬憲法草案との関連なども検討されるようになってきました。自由民権運動に対するフランス人権宣言（本書四三頁・八五頁参照）の影響や近代憲法原理の継受をめぐる憲法史的研究からも、フランス人権宣言など西欧の近代憲法を淵源とする日本憲法史の系譜を認めることが可能となっています。

また、仮に「押しつけ」の過程があったとしても、「押しつけ」られたのは当時の政府であって、国民にとってはむしろ歓迎すべき内容の憲法であったことも、当時の世論調査結果などから明らかにされています。裏返せば、当時の政府にとっては、戦争放棄や国民主権などの基本原理は本来想定していなかった内容であったがゆえに、その後の憲法政治のなかで、解釈改憲や明文改憲などの改憲論が展開され、憲法が「空洞化」されてきたことがわかります。

2「国体論争」と国民主権[*4]

憲法制定直後には、旧憲法の天皇主権を新憲法の国民主権に変更することは、国体の変更を意味するのか、憲法改正の限界を超えるのかが議論されました。帝国議会での憲法審議過程では、金森徳次郎大臣は、国体とは「天皇を憧れの中心として、心の繋がりを持って結合して居る国家」のことであるとして、国体は変革していないと論じました。佐々木惣一［憲法学者］と和辻哲郎［哲学者］の間の論争でも、和辻は、国体に根本的な変更はないことを論じました。

宮沢俊義［憲法学者］と尾高朝雄［法哲学者］の論争でも、尾高は「ノモス」

＊4　国体論争や国民主権の意味について、詳細は、辻村後掲『憲法（第三版）』五八頁以下参照。

（正しい筋途）を最高の政治原理とする点では天皇の統治も国民主権も同じであるとして天皇制と国民主権との調和的把握を説きました。しかし、宮沢は、主権が国民に存するか、君主ないし天皇に存するかという問題は残るとして主権の主体を具体的人間に求め、新憲法制定の過程には、旧憲法との間に法的な意味での「断絶」（一九四五年八月のポツダム宣言受諾）があったとして、「八月革命説」を説きました。こうして、主権とは「国家の政治のあり方を最終的にきめる力（権力あるいは権威）」であると定義した宮沢説が、憲法学界の通説になりました。

ただ、憲法前文や一条[*5]で定められた「国民主権」の「主権」とは、権力自体［権力的契機］なのか、（国民が権力者であるという）建前・権威［正当制の契機］なのか、議論があります。さらに、「国民」とは、国籍を有する全国民のことなのか（全国民主体説）、それとも政治的意思決定能力をもつ市民の総体なのか（有権者主体説、人民主権説）などをめぐって論争（「七〇年代主権論争」）がありました。その後の主権論の展開については、のちに述べることにして、先に進みましょう。

*5　前文第一段「日本国民は、正当に選挙された国会における代表者を通じて行動し、…ここに主権が国民に存することを宣言し、この憲法を確定する。」
　第一条「天皇は、日本国の象徴であり国民統合の象徴であって、この地位は、主権の存する日本国民の総意に基く。」

三　憲法の基本原理の相互関係

1　人権と国民主権の関係

まず、人権と国民主権の関係ですが、これは、人権を守るために国家があり、国民主権の原則に従って人権保障のために主権者国民が主人公になって政治を行う、という関係です。人権保障のために国民主権が機能するということです。

例えば、フランス人権宣言[*6]二条は、あらゆる政治的結合（association politique）――これを国家といってもいいのですが――の目的は人の自然権を保全するためにある、と言っています。要するに人権保障のために国家があるというのです。さらに三条で、「あらゆる権力の淵源は、国民にある」と明示して国民主権を定め、政治権力が国王などに当然に帰属するとする君主主権の論理（その根拠を神の意思に求める王権神授説など）を否定したわけです。さらに、人権宣言の一六条では、権力分立と人権保障が憲法の要であるという位置づけを明らかにし、国民主権と権力分立によって人権保障を担保する――という構造になっていました。

国家や政治権力の存在理由（レゾン・デートル raison d'être）が人権の保障にあることが、もっとも重要な点です。例えば戦争によって国民の人権をおろそかにしたり、過度な刑罰や不当な刑罰権行使によって、国家権力が、みずから国民の人権を侵害したりすることがあれば、それは国家本来の存在意義を根底的に否定することになってしまいます。

このような考え方は、フランス人権宣言だけでなく、ひろく近代立憲主義の考え方として、世界の多くの憲法でも採り入れられています。

日本では、前述のように、天皇主権を採用していた旧憲法を改正して「国民主

＊6　本書第4章八五頁も参照。

権」を採用したために議論がありましたが、今日では、フランス・アメリカ・イギリス・ドイツなど多くの憲法と同様に、国民を権力の源泉として捉え、人権保障をその存在理由とする考え方に依っていることには、疑問の余地はないといえるでしょう。

2 人権と平和の関係

次に、平和と人権の関係についてはどうでしょうか。これについては、すでに第1章でみたところですが、現在では、人権の普遍性が承認されているようにみえる反面、政府の行為や戦争による人権侵害があとを絶ちません。このような状況のなかで、戦争というものが最大の人権侵害行為だという認識が、今日ではしだいに広まっていると思います。「人間の安全保障」という言葉もそうですけれども、精神活動の自由や経済活動の自由といった基本的人権を謳歌しようと思っても、戦争状態では人権は享有できないわけです。そして、戦争自体が最大の人権侵害であることから、「平和なくして、人権なし」「人権の確立なくして、平和なし」という両者の相互関係が確立されてきました。

さらに国際条約上の「平和への権利」が戦争放棄を前提としていないのと異なって、日本国憲法では、九条で戦争の全面放棄と非武装を掲げたことによって、その意味内容が具体化されました。前文と九条が結合することによって、日本国民の戦争を拒否する権利、政府に対して平和を求める権利、平和請求権というかたちでの、狭義の平和的生存権が保障されたと解することができると思います。(この点はすでに第1章でみましたので、詳細は省きます)。

また、憲法は、一三条に、「生命、自由、幸福追求の個人的な権利」を掲げています。「平和的環境のなかで生存することを請求する権利」、環境権などもその一環として認めることができます。こういう人権は、まさに二一世紀的な「新しい人権」であり、第三世代ないし第四世代の人権だといわなければなりません(ちなみに、第一世代の人権とは、一八・一九世紀的な自由権、第二世代の人権とは二〇世紀的な社会権、第三世代の人権とは環境権や開発の権利などがありますが、これについては、第4章で検討します)。

3　国民主権と平和の関係

憲法の基本原理のうち、国民主権と平和の問題を結び付けて論じることは、これまでほとんどなかったようです。これこそ、本章の課題です。人権保障が国家の目標で、国民主権がその手段であるとすれば、平和主義や平和的生存権も、やはり国民主権を手段として、守ってゆくことが必要となります。第1章でみたように、平和の問題を人権の観点から見直す場合には、とくに、この点が重要になるでしょう。

そこで、以下では、平和と人権問題の接点としての有事法制や憲法政治の実態をみたうえで、国民主権の手段を「市民主権」として〝研ぎ澄ませてゆく〟という考え方を深めます。そのための投票価値平等の問題などを検討し、「市民主権」によって平和を実現するという問題について、考えてみることにしましょう。

四　憲法政治と有事法制

1　有事法制と非核三原則の見直し

日本の憲法政治の実態については、第1章でもふれましたが、すでに周知のところです。例えば、有事法制が問題になった二〇〇二年ころ、『ミリタリー・バランス』によれば、当時の日本の国防費は世界第三位（一九九九年度統計）でした。し、当時の福田康夫官房長官による非核三原則の見直し[*7]発言が問題になりました。これに対してはさまざまな批判がされましたが、「憲法九条の下でも核兵器が持てる」というのは政府解釈を正直に発言したものだ、ということを忘れてはならないでしょう。福田康夫氏の父君である福田赳夫元首相が、一九七八年に、自衛のため必要最小限のものである場合には細菌兵器も核兵器も持ちうる[*8]、と述べています。これが政府の憲法解釈なのです。

ただそのような憲法解釈とは別に、非核三原則という政策があります。核を持

＊7　一九六七年に佐藤栄作首相によって提示され、一九七二年にも閣議決定された「核を持たず、作らず、持ち込ませず」という原則。これにより一九七四年に佐藤氏がノーベル平和賞を受賞しましたが、二〇〇九年になって、過去に沖縄に核兵器が持ち込まれていた事実が明らかになり問題になりました。

＊8　一九七八年三月二四日の衆議院外務委員会・福田赳夫内閣総理大臣答弁「憲法の純粋な解釈論といたしましては、これはわが国といたしましては、自衛のため必要最小限の兵器はこれをもちうる、こういうことでございまして、それが細菌兵器であろうが核兵器であろうが差別はない。自衛のため必要最小限のものである場合にはこれをもちうる、このように考えておる次第でございます。」

たず、作らず、持ち込ませないことを政策として定めているのです。佐藤内閣以後の歴代内閣はこの三原則を堅持するという宣言をしてきましたけれども、これは政策ですから、状況が変わればいつでも変えられるということです。政策を変えさえすれば、憲法解釈にしたがって核兵器も細菌兵器ももちろん自由に持てるということになります。福田官房長官は、おそらくそのことをいいたかったのではないでしょうか。

2　有事法制論議の展開

有事法制とは、「立憲主義」を基調とする国で、国や国民にとって急迫不正の侵害があるような非常事態に際して、憲法の一部または全部を停止して最終的に国や国民の安全、憲法秩序の回復を図ろうとする非常事態立法の一種です。国家緊急権の発想から生まれたもので、仮に自衛隊の合憲性の点を別としても、国民の人権制約を伴う点で、重大な問題を含んでいます。そのため、長い間この議論自体が封印されてきましたが、二〇〇二年五月七日の衆議院特別委員会で有事法案が審議されたとき、「なぜ、いままでこういう法案を提出してこなかったのかということに答える責務がある」という小泉首相の発言がありました。この問いに対する答えは、長い間、それが憲法違反の疑いが強いと考えられてきたということです。このことは、次のような歴史的事実に示されています。

一九六三年に第二次朝鮮戦争を想定した自衛隊内部の有事研究が実施されたところ、一九六五年に社会党議員によって暴露され、憲法違反だということで国会が紛糾しました。これがいわゆる「三矢研究」[*9]です。その第一項目は、「国家総動員対策の確立」となっていて、そこには次のようなことが書いてありました。「一般労務の徴用」「業務従事の強制」「防衛物資生産工場におけるストライキの制限」「官民の研究所・研究員を防衛目的に利用」「防衛徴集制度の確立」「兵籍名簿の準備」——これはまさに徴兵制です——、さらに項目のなかには、「国民世論の善導」というのがありました。これが、有事研究の第一項目のなかに入っていたのです。このときには、当時の防衛庁は、機密漏洩を理由に防衛次官らを処分しました。憲法違反だったからではなくて、機密漏洩を理由にして防衛次官らを処分して、以後、有事法制は封印されたわけです。

ところが、一九七七年から、当時の福田赳夫首相のもとで有事法制研究が再開され、一九八四年に報告書が出されました。その後は、一九九六年の日米安保共同宣言、一九九八年の北朝鮮の「テポドン」発射、一九九九年の周辺事態法[*10]、二〇〇〇年一〇月のアーミテージ・レポート[*11]、二〇〇一年九月一一日の同時多発テロ、アフガン報復戦争、テロ対策特別措置法という過程をへて、有事立法化が進められました。

二〇〇二年に「有事三法案」とよばれた武力攻撃事態法案・改正自衛隊法案・

＊9　正式名称は「昭和三八年度総合防衛図上研究」。山内編後掲『有事法制を検証する』三〇六頁参照。

＊10　一九九九年五月に成立（平成一一年法律第六〇号）。周辺事態を「そのまま放置すれば我が国に対する直接の武力攻撃に至るおそれのある事態等」と定義しています。

＊11　リチャード・アーミテージ（後に米国国務副長官）らが超党派で作成した政策提言報告書（INSS Special Report, "The United States and Japan: Advancing Toward a Mature Partnership"）で、日本に有事法制の整備を期待する内容が盛り込まれました。

改正安全保障会議設置法案が国会に上程され、政府与党（自民党）と民主党との間の修正協議をへて、二〇〇三年六月に、三法が可決・成立しました。その中心である武力攻撃事態法案については、二条で定義される「武力攻撃事態」「武力攻撃予測事態」の概念が不明確であること、自衛隊の防衛出動に対する国会の事後承認が許容されたこと、有事における人権制約や地方公共団体の自治権侵害のおそれが大きいこと（改正自衛隊法一二四～一二六条では立入検査拒否や物資の保管命令違反に対して新たに懲役・罰金が課されたこと）など、たくさんの問題が指摘されました。

さらに「国民の安全の確保」をめざして「国民保護法」[*12]が二〇〇四年六月に制定（同年一二月改正）されました。ここでは、国民の協力は自発的意思に委ねられる（四条）と定められる一方で、物資の収容や土地家屋使用について強制措置が含まれています（八一―八二条）。

このように、長く否定されてきた有事法制が最近になって確立された背景には、一九九五年の阪神淡路大震災・地下鉄サリン事件以来の、北朝鮮の脅威やテロの危険など、国民の「安全の渇望」という状況があることは事実です。しかし、当時の選挙公約に明示的に掲げられることもなく、主権者の明確な意思表示を得ないままで有事法制は成立しました。これによって、危機管理の名のもとに、憲法に保障された思想・良心の自由や信教の自由などが制限され、立憲主義が否定さ

＊12　正式名称は、「武力攻撃事態等における国民の保護のための措置に関する法律」（平成一六年法律第一一二号）。

れ、憲法が空洞化してゆくのではないかと危惧されます。この意味でも、平和と安全についての国民の関心を高め、今後も主権者の監視を怠らないようにすることが必要です。

とくに有事法制の問題は、政治手法の問題、および、憲法観の問題として、総合的に捉えておく必要があると思います。国家のあり方という、広い問題を含めて、背景や要因を検討しておくことにします。

3　国家の役割と「安全」

憲法の人権原理にかかわる問題などで憲法を空洞化させるような現象が進んできたことは、例えば、憲法二〇条三項の政教分離原則[*13]に抵触する首相の靖国参拝問題[*14]や、一九条の思想・良心の自由が問題になる国旗・国歌の強制（君が代裁判）、教育基本法改正問題などにみることができます。伝統的国民統合の手法が強化され、通信傍受法や住民基本台帳ネットワークのように、「国家」による国民管理体制が強化されてきた、と解することができるでしょう。

その背景については、第一に、広い視野にたっていえば、グローバリゼーション、新自由主義の下での国家機能の変容ということになるでしょう。この点は、樋口陽一先生が二〇〇二年五月三日講演会で、「撤退する国家と押し出してくる国家[*15]」というタイトルで話されたことですが、一方では、市場化、規制緩和、民

＊13　第二〇条三項「国及びその機関は、宗教教育その他いかなる宗教的活動もしてはならない。」で定められる国家と宗教の分離を求める原則。

＊14　靖国参拝問題のほか、地鎮祭訴訟等の判例の展開については、辻村後掲『憲法（第三版）』二〇七頁以下参照。

＊15　全国憲法研究会編『憲法問題一四』三省堂（二〇〇三年）参照。

営化があり、国家が撤退して行く局面が注目されます。しかし他方で、本来は、国家が介入すべきでない精神活動の自由や私的領域などに、国家が積極的に介入してくる局面が目立っていることに注意しなければなりません。この問題は、憲法学界でも、ドイツの「基本権保護義務論[*16]」やフランスの「国家による人権保障[*17]」との関係などをめぐって、議論があるところです。このような国家の介入による人権保障は、現代型人権保障のあり方として歓迎すべきかどうか、検討を要します。結論を先取りしていえば、日本のように、「国家からの自由」についての意識や人権保障が十分に確立していないところで、安易に「国家による自由」や国家の介入を認めれば、その濫用の危険の方がこわいということです。また、「国家による自由」を実現するには、権力が民主化されて、主権者による徹底した政治責任の追及などのシステムが機能していなければならないため、日本のようにこれが確立されていないところでは、危険が大きいということです。

　もっとも、第二に、現実の社会状況に着目すれば、このような国家の介入が、国民の「安全への渇望」に基礎づけられている点を無視することはできません。何より、バブル崩壊後の経済不況と生活不安、暴力や犯罪の増加などによる社会不安、阪神淡路大地震・地下鉄サリン事件・ニューヨークの同時多発テロ事件、最近では、「尖閣諸島問題」「北朝鮮の核問題」などを契機とする、危機管理の大合唱があります。震災は自然現象であり、犯罪にも偶発的なものもありますが、

＊16　国家が国民の基本権保護の義務を負うという考え方で、ドイツ連邦憲法裁判所の堕胎罪判決等のなかで確立されてきました。小山剛『基本権保護の法理』（成文堂、一九九八年）などのほか、本書第4章九五頁参照。

＊17　フランスの特徴については、辻村後掲『フランス憲法と現代立憲主義の挑戦』第Ⅳ章参照。

注意すべきなのは、これらの災害や事件が危機管理と憲法改正論に結びつけられてきたことです。さらに、有事法制化の際にも問題になったように、民主主義や国民主権の観点からして、立法手続自体が問題になります。

そもそも、有事法制や憲法改正問題などの重要問題は、主権者の意思を十分に確認したうえで最終的に決定されなければなりません。立法権をはじめ政治的決定権をもっているのは主権者であり、国民の権利を大きく制約するような重要な法案については、審議が十分ではない場合や、国民の意思を問う機会が保障されていない場合には、国会を解散して、この問題について民意を問うことが必要になります。まさに、主権者である「市民」の出番です。

五　国民主権を活性化するための「市民主権」論*18

1　国民主権と市民主権

最近では、〈市民の時代〉・〈当事者主権〉・〈住民主権〉などの言葉があふれ、ＮＰＯの活動や住民投票など、市民の政治参画・社会参画が活発になっていることは、頼もしい限りです。このような市民のパワーを活用して、国民主権原理を活かしてゆくことが期待されます。しかし、反面、これらの言葉が、なおも一般的なスローガンにとどまり、憲法の国民主権原理*19との関係が十分に理論化されて

＊18　主権論の展開と市民主権論については、辻村後掲『市民主権の可能性』参照。

＊19　国民主権の解釈は、主権の帰属の意味について、権力の実体の帰属と解するX型と、権力の正当性・権威の帰属と解するY型が区別できます。さらに「国民」についてA型（全国民主体説）とB型（有権者主体説B^1型、あるいは政治的意思決定能力者である市民を主体とするB^2型）という分類とを組みあわせると、AX型・AY型・BX型・BY型の四つの類型が成立します［図表2－1参照］。従来の通説的見解はAY型（権力の正当性が全国民に帰属すると解する立場）で、B^2X型から批判されてきました。このAY型がフランスのN主権（ナシオン）主権、B^2X型がP（プープル）主権に対応します。

いないことも事実です。

そこで私は、憲法の国民主権を、フランス憲法理論のなかで確立されてきた「国民（ナシオン）主権」から、「人民（プープル）主権」へ、さらにそれの現代版といえる「市民主権」として解釈すべきであると考え、憲法理論としての「市民主権」論を提唱しています。

従来は、国民主権原理の国民とは、「全国民」すなわち、抽象的・観念的な国籍保持者の全体として考えられてきました（全国民主体説）。このようなナシオン流の理解では、政治的な意思をもたない幼児なども主権者に含めるため、主権を自分で行使することができず、代表である議員や政治家に主権行使を委ねる代表理論と結びつきました。国民が主権者であるというのは、建前にすぎなかったのです（図表2－1参照）。ここでは、純粋代表制[*20]と結びついて、一度議員が選出されたら、選挙民から法的に独立して行動することが原理的に認められました。J．J．ルソー[*21]が、「イギリスの人民は自由だと思っているが、それは大間違いだ。彼らが自由なのは、議員を選挙する年だけで、議員が選ばれるやいなや、イギリス人民はドレイとなり、無に帰してしまう」と批判したとおりです。

しかし現代では、「人民（プープル）主権」という解釈が有力になっています。この考え方では、自分で政治的意思決定をすることができる年齢に達した具体

図表2－1　4つの類型（国民主権の意味）

主権の主体 ＼ 主権の帰属	全国民（A型） 国籍保持者の総体	有権者（B_1） 人民（B_2）（政治的意思決定能力を有する市民の全体）・市民（B_3）
権力（実体）の帰属 （X型）	AX型	B_1X型　有権者主体説 B_2X型　人民（プープル）主権説 B_3X型　市民主権説
正当性（建前）の帰属 （Y型）	AY型 国民（ナシオン） 主権説	BY型

（辻村作成）

的な「市民」の総体としての人民が主権者です。ここでは、人民がみずから主権を行使することができますから、人民投票など直接的な意思決定手段をとることも可能となり、国民主権原理を実効的なものにすることができます。すなわち、「人民（プープル）主権」のもとでは、選挙によって選挙民の意思が議会に忠実に反映されることが求められ（「半代表制」[*22]）、あるいは、人民投票やリコールなどの制度によって、主権者の意思を直接的に反映させる手段を導入した「半直接制」[*23]が適合的になります。

このような「人民（プープル）主権」の考え方を基礎として、現代版「人民主権」論として再構成したものが、「市民主権」論です。それは、「市民」の構成員の拡大と主権行使手段の拡大等によって「市民」の政治参画を強化するための理論であるといえます。「市民」の意味については、古典古代以降の原意としての、主権を行使し国家意思形成に参画する政治的市民ないし公民（citoyen-politique）という狭義の用法のほかに、市民運動やＮＧＯなどの担い手として社会に参画する自律的個人としての、いわば社会的市民（citoyen-civil）という広義の用法が区別されます。

選挙や国民投票などの手段で、政治的な意思を決定する場合の「市民」は、前者の政治的市民であり、「市民主権」論における主権主体はこれにあたります。具体的には、現行公職選挙法上の選挙資格年齢を一八歳程度まで引き下げて主権

＊20　代表制の展開については、辻村後掲『憲法〔第三版〕』三六二頁以下参照。

＊21　ルソー『社会契約論』（一七六二年）桑原・前川訳・岩波書店、一三三頁。

＊22　第三共和政期にA．エスマンが純粋代表制と区別された「半代表制」を提唱し、日本の憲法学にも影響を与えました。クオータ制との関係については、本書一五四頁以下参照。

＊23　純粋代表制から、半代表制、半直接制への代表制の展開については、辻村後掲『憲法〔第三版〕』三六二頁以下参照。

主体を拡大することが、主権行使の活性化に繋がると思われます。また、被選挙権も、立候補の自由を中心にその本質を捉える場合には、重要な主権的権利ですので、選挙年齢よりも一〇歳（参議院議員・都道府県知事の場合）ないし五歳（衆議院議員・市町村長・地方議会議員の場合）高くしている公職選挙法一〇条の合理性は疑わしいと思われます。

国籍要件については議論の余地がありますが、欧州統合のもとで、「欧州連合市民」の観念を介在させて外国人参政権を認めたことを参考にして、日本でも、永住資格を有する在日韓国人などの一定の外国人を「永住市民」として主権主体のなかに位置づけ、選挙権・被選挙権・公務就任権の主体として認めてゆく議論も、「市民主権」論のもとでは可能になると考えています。

さらに、このような「市民」の主権行使の手段としては、選挙やレファレンダム（人民投票や住民投票）が重要ですが、これらの手段を実効性のあるものにするためにも、投票価値平等の徹底や、政治責任の追求、リコール制度、行政担当者の報告を受ける権利など、主権者市民が、自分の主権を自分で行使して政治を自分の手に取り戻していくための制度が求められます。このうち、とくに、主権者の権利としての選挙権の完全な行使、とくに投票価値平等の実現が、とても重要な意味をもちますので、これについてみておきましょう。

2 「一票の価値平等」訴訟の展開

一九五〇年の公職選挙法など戦後初期の選挙法では、いずれも各選挙区の人口にもとづいて定数が配分され、議員一人当たり人口の最大較差も衆議院では概ね一対二未満、参議院では一対二・六程度にとどまっていました。ところが、その後人口の都市集中などの変動の結果、選挙区間で議員定数と人口との関係に不均衡が生じました。そこで一九六二年以降、定数不均衡が選挙権の平等原則に反するとして数多くの訴訟が提起され、一九七六年四月一四日に衆議院議員選挙の最大較差一対四・九九について、一九八五年七月一七日に一対三以上の定数不均衡について最高裁大法廷で違憲判決が下されました。最大較差一対三というのは、一人一票の原則に反して、一人の主権者が三分の一の価値しかもたないということを意味しますので、選挙権の平等原則（一四条、四四条[*24]）からしても、また、主権者国民の権利としての選挙権（第一五条一項[*25]）の侵害の問題としても、ゆゆしきことといえます。

その後、一九九四年の法改正で衆議院議員選挙に小選挙区制が導入されたことによって、（議員定数配分の不均衡ではなく）各選挙区間の投票価値の不均衡が問題となりました。現在採用されている「一人別枠方式」（各都道府県の区域内の選挙区の数は、予め一を配当したのちに人口比例して配分する方式）によって、目標とする一対二の基準を超えて、二〇〇九年八月の総選挙でも、最大較差が一対二・三にな

＊24　第一四条「①すべて国民は、法の下に平等であって、人種、信条、性別、社会的身分又は門地により、政治的、経済的又は社会的関係において、差別されない。」
　第四四条「両議院の議員及び選挙人の資格は、法律でこれを定める。但し、人種、信条、性別、社会的身分、門地、教育、財産又は収入によって差別してはならない。」

＊25　第一五条「①公務員を選定し、及びこれを罷免することは、国民固有の権利である。」

ったことが問題となりました。全国の七つの高等裁判所に一〇件が提訴され、同年一二月以降、高裁で違憲判決が相次いで示されました（一〇件中、四件で「違憲」、三件で「違憲状態」と判断されました）。その背景には、この総選挙で初めて選挙により政権交代が実現し、主権者にとって選挙権が重要な意義をもつことが再認識された現状がありました。

例えば、同年一二月二八日の大阪高裁判決では、「近時小選挙区比例代表並立制下で有権者もたびたび投票行動により政治情勢が大きく変化し得ることを目の当たりに経験してきており、特にその較差が二倍に達するような事態は、……客観的にも著しい不平等と評価すべき状況に至っている」（判決要旨三頁参照）という判断が示されました。そのため、最高裁判決が注目されていたところ、二〇一一年三月二三日に大法廷で「一人別枠方式」について違憲状態（結論的には合憲）と判断されました。[*26]

3　参議院での定数不均衡

他方、参議院については、一九九四年まで一度も定数是正されなかったため、最大較差は拡大の一途をたどりました。最高裁は、地域代表制などを根拠として長い間合憲判決を維持してきましたが、一九九六年判決ではじめて一対六・五九の不均衡について違憲状態であると認めました。しかし、二〇〇六年一〇月四日

＊26　裁判所ウェブサイト（前掲本書一〇頁）最高裁判所判例集、朝日新聞二〇一一年三月二四日朝刊参照。

大法廷判決は、最大較差一対五・一三の不均衡について合憲と判断したのです。

そして政権交代後初の二〇一〇年七月の参議院選挙が、最大較差一対五・〇の状態で実施されたことに対して、多くの訴訟が提起されました。同年一一月一七日の東京高裁違憲判決以来、一四の高等裁判所で言い渡された一六の判決のうち、五倍の格差を合憲としたのは一件だけで、他はすべて違憲（東京・高松・福岡高裁の三件）もしくは「違憲状態」（一二件）という判断が下され[*27]、これに対する最高裁の判断が待たれている状態です。

最高裁ではこれまで一五名中五〜六名の裁判官の少数意見で違憲判断が示されるだけでしたが、現行制度を違憲とする立場がしだいに拡大しており、抜本的な制度改革を促す傾向にあるといえます。選挙権という民主主義の根幹にかかわる問題では、憲法上の権利の実現要請と、憲法上の二院制の特質（代表の同質性）からしても、現状の不均衡を正当化することは理論的に不可能であり、司法府の積極的判断が強く望まれます[*28]。

また、人口の多い都会に住んでいることを理由に、一人一票を持っているはずの主権者が〇・二票の価値しか持たず、五分の一人前の扱いを受けることが許されるはずがありません。最高裁が違憲判決に踏み切ることで立法府への影響力を行使するとともに、立法府自体が早急に制度改革を実施することが求められます。

＊27　朝日新聞（東京版）二〇一一年三月一日朝刊参照。

＊28　選挙権をめぐる判例の展開については、辻村後掲『憲法（第三版）』三三七頁以下のほか、樋口ほか後掲『新版　憲法判例を読みなおす』第一四章［辻村執筆］参照。

六　まとめ――「市民主権」による平和

さて、国民主権原理をこのように解して活性化したとき、平和との関係はどうでしょうか。有事法制など主権者国民・市民の人権と平和に大きな影響をもたらす問題を、国会内の数の論理だけで決着させてはなりません。憲法の国民主権原理をふまえて、平和主義を守って行くためには、主要な争点をきちんと選挙公約に掲げ、主権者の意思を確認したうえで政治が行われる必要があります。

最近では、政権交代が実現した二〇〇九年総選挙でマニフェストが掲げられ、このことが理解されるようになってきました。主権者は、詳細な選挙公約を要求し、情報を十分に得た上で信任を与える政党を選択しなければなりません。国民主権原理や議会制民主主義の名に恥じない形で、主権者の意思に従った政治を実現するために、今後も選挙公約に掲げたマニフェストを実現していくことが最低限の条件になると思います。

そして、主権者市民の側も、人権保障や平和の担い手として、みずから主体的にそれを確立してゆくことが求められます。人権保障も、平和主義の実現も、このような「市民主権」の実践によらなければならないことを、最後に指摘しておきます。

この点で、二〇〇二年六月一日のシンポジウムで、軍事評論家の藤井治夫氏が、「デモクラシーのやり方で平和をやっていく」というタイトルを掲げられたことが印象に残っています。[*29] これまで述べたこととほぼ同じ発想だと思いますが、この言葉を聞いて、私も、「これだ！」と感じました。民主主義を実現し、市民を主体とする市民主権を活性化していくことで、憲法政治を監視し、しっかりと平和を築いてゆきたい、憲法を護り活かしてゆきたいと思います。

＊29　法学セミナー二〇〇二年九月号「緊急フォーラム――有事法制を考える」日本評論社（二〇〇二年）参照。

〔参考文献〕

辻村みよ子『憲法（第三版）』日本評論社（二〇〇八年）
――『市民主権の可能性――二一世紀の憲法・デモクラシー・ジェンダー』有信堂（二〇〇二年）
――『フランス憲法と現代立憲主義の挑戦』有信堂（二〇一〇年）
小森陽一・辻村みよ子『有事法制と憲法』岩波書店（二〇〇二年）
小林武『平和的生存権の弁証』日本評論社（二〇〇六年）
全国憲法研究会編『憲法と有事法制』法律時報臨時増刊号・日本評論社（二〇〇二年）
樋口陽一・山内敏弘・辻村みよ子・蟻川恒正『新版　憲法判例を読みなおす』日本評論社（二〇一一年）
深瀬忠一・浦田賢治・杉原泰雄・樋口陽一編『恒久世界平和のために』勁草書房（一九九八年）
山内敏弘編『日米新ガイドラインと周辺事態法』法律文化社（一九九九年）
――『有事法制を検証する』法律文化社（二〇〇二年）

第3章

二つの憲法観と人権・家族

ここでは、日本国憲法施行六四年目の憲法状況をみながら、憲法や人権、家族のあり方などについて、考えてみたいと思います。

一　日本国憲法施行六四年目の憲法状況

憲法六〇周年の二〇〇七年五月一四日に、憲法改正のための「国民投票法」[*1]が成立しました。その後の「ねじれ国会」の混乱や二〇〇九年八月三〇日総選挙による政権交代によって動きが鈍っているようですが、これによって、自民党の自主憲法制定という長年の宿願が果たされる条件が整ったことは事実です。これま

＊1　正式名称は、「日本国憲法の憲法改正手続きに関する法律」（平成一九年法律五一号）、その内容については、辻村後掲『憲法（第三版）』五三一頁以下、『新版　比較憲法』二三五頁以下参照。

では改憲論として議論されてきましたが、いまでは新憲法制定という議論がされており、政界再編もにらんでいます。

このような新しい憲法動向は、これまでの改憲論の続きではなく、構造的な変革を含んだものだと考えています。これまでの憲法観とは違った新しい議論が起こっていて、今は、どのような立憲主義、どのような民主主義を模索していくのかということが問われているのではないか、と思います。

日本というのは不思議な国で、これまで毎年、五月三日の憲法記念日には、改憲派と護憲派にわかれて集会が開かれてきました。この構図が、一九五五年体制以来ずっと続いて、マスコミもこれに慣れてしまっているようです。

本来は、憲法記念日は、国を挙げて、というより、憲法擁護義務（九九条）[*2]をおっている政府が憲法を護るために式典などを開催して「憲法をいかに実現するか」を考える日にすべきです。ところが、実態はその反対で、改憲派の政治家や財界人が中心になって改憲・自主憲法制定のための集会があり、他方で、野党や護憲派の改憲反対集会が開かれてきました。

二〇〇五年四月に衆議院と参議院の憲法調査会から報告書が出され、以後、改憲にむかって、具体的な歩みがはじまりました。二〇〇七年に国民投票法が成立してから三年間の凍結期間を経て、二〇一〇年五月一四日に施行されました。今後の選挙結果や政界再編の仕方によっては、憲法九六条[*3]一項が定める憲法改正の

＊2 「天皇又は摂政及び国務大臣、国会議員、裁判官その他の公務員は、この憲法を尊重し擁護する義務を負ふ。」

＊3 第九六条「①この憲法の改正は、各議院の総議員の三分の二以上の賛成で、国会が、これを発議し、国民に提案してその承認を経なければならない。この承認には、特別の国民投票又は国会の定める選挙の際行はれる投票において、その過半数の賛成を必要とする。」

発議要件（「各議員の総議員の三分の二」の賛成）が満たされることは容易にありうることですので、今後すぐにでも改憲草案が提示されて国民投票が実施され、その結果によって、例えば、自衛隊が自衛軍になって徴兵制も復活する日が来ないとも限らないのです。

二　二つの憲法観

1　新たな対抗図式

さて、ここでは「二つの憲法観」というテーマを掲げました。一般に「二つ」といえば、近代立憲主義と外見的立憲主義の対抗を考えるでしょう。日本国憲法のように国民主権や基本的人権を基本原理として、憲法によって、国家権力を制約する、そんな立憲主義が近代市民革命期（一八世紀のフランス大革命やアメリカ憲法制定期）に確立され、現代まで、このような立憲主義[*4]が主流になってきました。これに対して、形式的には、憲法を作って権力を抑えるような構造になっているけれども（例えば明治憲法がそうであるように、憲法によって天皇の権力を制限する、制限君主制の構造はあるけれども）、国民主権や、権力分立や人権保障の内容がないものです。このように国民主権や基本的人権を基調にした近代立憲主義憲法、立憲主義的憲法観（A）と、外見的立憲主義ないし明治憲法のような国家主義的憲法

＊4　辻村後掲『憲法（第三版）』第一章のほか、杉原泰雄編集代表『新版　体系憲法事典』青林書院（二〇〇八年）参照。

観（B）との二つにわけることが、一般的です。しかし、二〇〇〇年からの憲法調査会の議論のなかででてきたものは、それとは少し違っています。私がここで念頭に置いている「二つの憲法観」は、この挿絵に示されています（下記の写真参照）。

　これは、憲法調査会の報告書が出された、二〇〇五年四月二九日の朝日新聞（東京版）朝刊に掲載されたものです。この左側の絵はライオンが檻のなかでおとなしくしています。この檻は、もちろん権力を縛るものとしての、憲法です。これはA型の立憲主義的憲法観であり、「公権力を縛って、国民の自由や権利を守ることを重く見る」ものです。ここでは、個人が中心で、国家が国民を守る、という構図です。右下にいるのは、雌ライオンなのでしょうか。犬のようにもみえますが（笑）、立法・行政・司法の国家機関が、一緒に檻の中に入って、国民がこれらを監視しています。

写真３－１

（出典）　朝日新聞2005年４月29日朝刊。

　これに対して、もう一つの右側の絵のほうは、国民が、ライオンと一緒に檻のなかに入って、ライオンが吠えて、国民が怖がっています。ここでは、憲法は、国家を縛るものではなく、「国家の目標を掲げ、国民が従うべき、国民を縛るルールとしての役割を重くみる」ものになっています。これはBの国家主義的憲法観であり、国家が中心で、国民が国を守る、という形になっています。

一見、これらの二つの型は、立憲主義的憲法観と、国家主義的憲法観の二つの対立を示しているようにみえます。しかし、実際には、新聞記事にも示されていますように、憲法調査会では、「近代立憲主義から一歩踏み出し、憲法を再構築したい」、「国家対個人の二項対立関係を克服し、新しい時代の権利関係、人権関係を考える果敢な試みを行う時期が来た」と論じられ、これらとは少し異なる、新しい憲法像のようなものが議論されているのです。ここでは、国家と国民が対立するのではなく、一緒になって、国家を建設してゆく、というイメージで語られていて、何か新しい、共同体的な憲法観を示しているようにみえます。ここでは、旧来のB型ではなくて、C型、すなわち、国民と国家の協働型という新しい類型がでてきていることが、ポイントです。ここで仮にこれを「第三の類型」で「協働型」のように捉えると、何かすばらしいものではないか、という印象さえ与えます。

2　立憲主義の意味

しかし、立憲主義とは、憲法とは何だったのか、よく考える必要がありそうです。憲法を作って、国家を縛るものが立憲主義であり、憲法は、国民が、たえず国家を縛るために、ライオンを制御するためにつくりあげた檻なのです。それなのに、檻の中に、ライオンと一緒に国民が入ってどうしようというのでしょうか。この右側の絵でも、結局は檻のなかで国民が震えているのです。

このように、一見して「協働型」憲法観が望ましいようにみえながら、実際には、このような憲法観が、立憲主義や憲法の本質を隠してしまい、国民を欺く結果になりうることを、しっかりみておかなければなりません。

以上のように、私がタイトルに掲げた「二つの憲法観」の二つとは、Aの立憲主義型と、Cの「協働型」との二つです。ただし、Cの「協働型」というものが、本当に新たな視点を持った憲法観といえるのか、実際には、外見的立憲主義の憲法である明治憲法などと同じような発想に立っているにもかかわらず、これをカモフラージュするために、あえて「協働型」を装ったものなのかを見極めなければなりません。

これらの二つの憲法観については、それぞれが、人権保障のあり方などに影響しており、このCの「協働型」では、実際に義務の強化が提唱されています。

三　二つの人権観

1　近代立憲主義の人権観

そこで、次に、「二つの人権観」についてみておきます。もともと、近代的人権を確立した一七八九年のフランス人権宣言は、「あらゆる政治的結合〔国家〕の目的は人の自然的権利の保持にある」（二条）とのべて、国家の存在意義が人権保障にあることを明らかにしました。国家の形成よりも先に、すべての人間が普遍的な人権をもって存在しているという論理（基本的人権の前国家性、普遍性、固有性、不可侵性の原則）は、近代人権論の基本原理として、諸国の憲法に採り入れられました。

日本国憲法でも一一条、九七条[*5]にこれが定められ、さらに一三条前段で個人尊重の原則、後段で「生命・自由及び幸福追求の権利」が保障されました。この文言は、一七七六年のヴァージニア権利章典やアメリカ独立宣言（「われわれは自明の真理としてすべての人が平等に造られ、造物主によって、一定の奪いがたい権利を付与され、そのなかに生命、自由及び幸福追求が含まれることを信じる」という文言）に由来するものです。

このような近代立憲主義型の人権観では、国家よりも個人の自由や平等を重視

＊5　第一一条「国民は、すべての基本的人権の享有を妨げられない。この憲法が国民に保障する基本的人権は、侵すことのできない永久の権利として、現在及び将来の国民に与へられる。」

第九七条「この憲法が日本国民に保障する基本的人権は、人類の多年にわたる自由獲得の努力の成果であつて、これらの権利は、過去幾多の試錬に堪へ、現在及び将来の国民に対し、侵すことのできない永久の権利として信託されたものである。」

する考えが強くなります。

人権制約の原理[*6]についても、憲法制定初期は「公共の福祉」を人権制約の根拠（外在的制約[*7]）として強調する傾向が強かったのですが、しだいに人権の調整原理（内在的制約）のように考える見解が通説となりました。今日では、従来のように「公共の福祉」（あるいは「全体の利益」や「公益」）を持ち出して人権を容易に制約できる時代ではなくなったといえます。

2　国家主義的な人権観

これに対して、先にみた、国家主義的な憲法観や人権観のもとでは、日本の人権状況について、自由の保障が過多であって、義務をもっと増やすべきだとか、自由を制約すべきだとか、いう議論が強くなっています。

人権の内容についても、また、保障の手段についても、この二つの型では、考え方が違ってきます。

二〇〇〇年からの憲法調査会の議論をみても、一般にも、改憲論のなかには、権利よりも義務を重視し、国家や社会の利益に即して人権を制約すべきであるという見解が強かったことがわかります。このような議論が、戦後の改憲論のなかで一貫して存在してきたことも事実のようです。さらに二〇〇五年の自民党新憲法草案一二条[*8]では、公益に反しないものだけを自由・権利として認めるという構

＊6　辻村後掲『憲法（第三版）』一六一頁以下参照。

＊7　フランス人権宣言第四条では、「自由とは、他人を害しないすべてのことをなしうることにある」という言葉で、人権自体に存在する制約［他人の人権］を明らかにしていました。

＊8　「国民は、…常に公益及び公の秩序に反しないように自由を享受し、権利を行使する義務を負う。」

造をとっています。ここでは、原則と例外を逆転させようとする意図を読み取ることもできるのです。その背景には、そもそも国家は個人の人権を保障するために存在し、それを実現するために主権者国民が憲法を制定して国家を拘束する、という近代立憲主義の考えを修正する意図があるようにみえます。

憲法によって「縛る」対象は、国家なのか、個人なのか。このベクトルを意識的・無意識的に逆転させようとする改憲論の潮流に対しては、そもそも憲法とは何か、立憲主義とは何か、をもう一度明らかにする必要があるようです。国家は、国民個人の人権（生命・自由・幸福追求権など）を実現するためにこそ存在するのであり、公益の名において安易にそれを制約しえないことを銘記すべきでしょう。

四　二つの家族観

１　家族モデルの多様性

この意味では、家族のあり方も同じです。近代国民国家において、家族は、国家が国民を統合するための装置であったと同時に、国家権力が個人の私生活に介入することを防ぐ防波堤としての機能を果たしました。

国家と個人の二極構造における中間団体として、一方では国家によって「公序」として法的に保護されつつ、他方では公私二元論によって私的領域への権力不介入が確立されたのです。こうして近代家族は、国家と個人の間で二面性をもつ存在として成立し機能しました。

一般には、個人主義的家族モデル（A型）と、国家主義的家族モデル（B型）の二つにわけることができます。

前者（A型）は、個人の人権（幸福追求権・自己決定権・家族形成権など）保障と平等の徹底をめざす立場（「家族の個人化」を追求する立場）です。このモデルでは、家族は個人主義的原理に支えられた人的結合となり、憲法一三条を根拠に個人の自己決定権やプライヴァシー[*9]などの幸福追求権を最大限に認めることになります。

これに対して国家主義的家族モデル（B型）は、国家による家族の保護と家族構成員への強制を求める国家主義的な家族モデルです。このなかには社会主義国型や途上国型のほか、日本国憲法制定過程で示された旧憲法下の天皇制絶対主義家族モデルなどが含まれます。すなわち、国家による家族保護という場合も、(ア)国民統合・国家統制のための保護（社会主義国型・天皇制国家型家族・血族的共同体型家族など）、(イ)発展と救貧のための保護（途上国型）、(ウ)社会権を実現するための保護（社会国家型）、(エ)権利保障やパターナリズム[*10]に由来する国家介入・保護（子どもの保護やDV防止等）（社会国家型）など種々の形態があります。日本国憲法は(ウ)を国家の責務とするとともに(エ)について必要最小限度の介入を認めていると解されます。この点で、最近の改憲論のように外見上は(ウ)(エ)の保護の形態をとりつ

＊9　本書第4章九三頁参照。

＊10　弱い立場にある者の利益になるように、本人の意思に反して国家や親が介入・干渉すること。父権主義、父権的温情主義などと訳されます。

つ、実際には(ア)の機能を目的とする見解については警戒を要するといえます。

2　憲法制定過程の家族観

さて、日本では、戦前の家族は前者の国民統合装置として機能したため、これを克服するために日本国憲法は、家族内部の問題に国家が介入してはならないという消極的意味での「保護」を、憲法二四条[*11]は認めたのです。実際、憲法制定過程では、ワイマール憲法等を参考にして起草されたベアテ・シロタ草案の一部がマッカーサー草案に取り入れられ、日本国憲法二四条で個人の尊厳と両性の本質的平等が保障されました。

ベアテさんのことは、最近ではよく知られるようになっていますが、ピアニストであり東京芸大教授として日本にきておられたレオ・シロタさんの長女です。彼女は、子どものときから十年以上日本に住んで、女性の状況をみてきたことから、戦後、ＧＨＱの通訳として再来日した際に、マッカーサー草案の起草に携わり、現在の二四条を起草されました。伝記[*12]なども出版されていますので、ぜひ参照して頂きたいと思います。

当時の帝国議会の議論では、憲法二四条の家族条項案について保守派議員がすぐさま攻勢を加えました。家制度の廃止は、天皇を頂点とする国体全体の否定になるという観点からです。貴族院の審議でも、右派議員が「天皇制家父長家族」

＊11　第二四条「①婚姻は、両性の合意のみに基いて成立し、夫婦が同等の権利を有することを基本として、相互の協力により、維持されなければならない。
②　配偶者の選択、財産権、相続、住居の選定、離婚並びに婚姻及び家族に関するその他の事項に関しては、法律は、個人の尊厳と両性の本質的平等に立脚して、制定されなければならない。」

＊12　ベアテ・シロタ・ゴードン（平岡訳）後掲、『一九四五年のクリスマス』映画「ベアテの贈り物」、「シロタ家の二〇世紀」も参照。

を擁護したのに続いて、父母への孝行を中心とする家族共同体の擁護を唱える意見が出され、否決される一幕がありました。

他方で、衆議院の特別委員会などでは、社会党の議員らによって生存権の保障などとあわせて「国民の家庭生活は保護される」という規定を追加することが提案されました。しかし、小委員会ではこの提案は採用されず、一九四六年八月に衆議院本会議に提出された社会党の修正案のなかにも社会権的な家族保護条項はいれられないままでおわりました。

このように憲法制定過程では、保守派議員らの日本型家父長家族論と左派議員らの社会国家型家族保護論との両者を同時に排除する形で、「家」制度の否定による近代化・民主化が志向されたことが理解されます。「家族主義と個人主義との調和」、いい換えれば「家を重しとするか、人を尊しとするか」の選択における妥協的性格をもちつつ、いわば左右両派の攻勢に対する妥協として、個人尊重主義を基礎とした画期的な憲法二四条が成立したのです。

憲法二四条は、封建遺制を払拭すべく婚姻の自由や両性平等を掲げた点で近代型家族（法学が問題にしてきた「近代家族」）を志向するものであったと同時に、個人尊重主義を徹底することによってそれをも超越する「脱近代的」で多様な現代型家族を許容しうる時代先取り的性格をもっていたといえます。それは、形式的平等の建前の下で形成された「近代家族」における性差別の構造（資本制と家父長制による階級支配と性支配）等の限界を克服して、男女の実質的平等と個人尊重・自律を確保しうる現代憲法原理に支えられていたということができるでしょう。

3　改憲論の家族観と今後の課題

これに対して、戦後の改憲論のなかでは、一貫して二四条への批判論が展開されました。一九五〇年代以降の明文改憲論のなかでは、天皇制強化論などとあいまって旧来の保守派からの家族保護論が再登場しました。一九七〇年代以降は、ライフスタイルの変化、離婚・少子化・シングルの増加、単身赴任の増加などによる母子家族・父子家族の増加が認められ、家族の多様化と解体傾向が始まりましたが、改憲論の論調は、従来の保守的な家族保護論・復古的家族論が支配的でした。

ところが憲法調査会が設置された後の二〇〇〇年代の改憲論では、従来の国家主義的家族観からの個人主義批判を超えて、共同体やコミュニティをもち出す議論が出現しました。[*13] 二〇〇四年の自由民主党憲法調査会憲法改正プロジェクトチーム「論点整理」では、「婚姻・家族における両性平等の規定（現憲法二四条）は、家族や共同体の価値を重視する観点から見直すべきである」という指摘がされたところです。

＊13　二〇〇二年衆議院憲法調査会中間報告書には、「二四条は、家族は個人主義に準じるものだという考え方で書かれている。憲法の最大の欠陥は、二四条的なもの、家族やコミュニティといったものを全く認めてない点にある」（自民党議員）という個別意見が記録されています。

憲法二四条が個人主義の元凶で家庭崩壊等の社会問題の原因であるという個人主義批判については、「親孝行が減ったのは憲法のせいだというのは、憲法を過大評価している」（安念潤司参考人）という皮肉をこめた意見が、個人主義的家族モデルを支持する憲法研究者からのべられたほどです。

また「共同体」やコミュニティを持ち出す主張については、一見して目新しく、従来の国家主義的家族モデルへの復古ではないような外見をまとっています。

ところが、「改正のポイント」をみれば、「家庭は、一番身近な〈小さな公共〉」、「国家は、みんなで支える大きな〈公共〉」「日本古来の伝統・文化を尊重する責務を憲法に明記すべき」とされています。すなわち、これらは新たな視点からの共同体的家族モデルに適合的なものではなく、その外見に比して、むしろ国家主義的家族モデルのカモフラージュ版[*14]であるということができるでしょう。もっとも、この考え方は、自民党のなかでもあまり支持が得られなかったようで、その後の二〇〇五年の自民党新憲法草案では、二四条については、「修正なし」になっています。

しかし今後は、家族はどうあるべきなのか、もし本来の意味での（前記Cの）共同体的家族モデルが理想であるとすれば、どのようなものなのか、検討してゆく必要があります。これは、国家と個人の二極対立構造における家族モデルとは異なって、国家と個人の中間に共同体という観念をおき、社会ないし共同体の名

＊14　「夫婦別姓が出てくるような日本になったということは大変情けないことで、家族が基本、…家庭と家族を守っていくことが、この国を安泰に導いていくもとなんだということを、しっかりと憲法でも位置づけてもらわねばならない」などの発言も記録されています。

のもとに、中間団体としての家族の責務を重視する三極対立構造型の家族モデル[*15]（C型）です。このような共同体的家族像が出現した背景には、個人主義的なリベラリズムに対する共同体主義（コミュニタニアニズム）や共和主義（リパブリカニズム）の影響を認めることができます。憲法学説のなかでも、「（近代家族ではない）新たな親密圏」の構想も提起され、構造的弱者の支援を含む新たな公共と協同のセクターの創出に期待が寄せられています。

いずれにしても、現代家族は、「公序としての家族」から「幸福追求の空間」としての家族へ、と展開しています。欧米では、二〇世紀末ころからしだいに（同性カップルの共同生活を含む）家族形成権が重視されるようになり、家族の観念自体が変容してきたのです。このことは、二〇〇〇年採択の欧州基本権憲章で、「自らの肉体的および精神的一体性を尊重される権利」や「性的指向」による差別の禁止が定められたことにも示されます。

ナポレオン民法典以来、近代的家族像を示し続けてきたフランスでも、近代の家長個人主義に支えられた家族制度を解体する意味をもつPACS（民事連帯契約法）が一九九九年に制定され、婚姻関係以外の異性間及び同性間の家族形成が認められました。これは、家族の位置づけが「制度（公序）としての家族」から、「契約としての家族」、「個人の幸福追求権や性的指向をも充足させる共同生活空間としての家族」へと展開したことを象徴的に示すものといえます。

＊15　家族モデルや世界の憲法における家族規定については、辻村後掲『憲法とジェンダー』第八章参照。

　また、これらの議論は、法制度や法理論の再検討にとっても参考になります。日本では、最近、離婚後三〇〇日以内に生まれた子を前夫の嫡出子と定める民法七七二条[*16]の問題（いわゆる三〇〇日問題）が議論され始めていますが、それだけではありません。これは、女性のみが婚姻解消後六ヶ月間再婚を禁止される七三三条と不可分な関係にあります。この七三三条[*17]は、仮に最高裁判決（一九九五年一二月五日）も認めるように父性推定の重複回避、父子関係をめぐる紛争の予防などの立法目的に合理性が認められるとしても、規制手段すなわちDNA鑑定や妊娠判定が容易になった昨今においてもなお、妊娠していないことが証明できる女性や高齢者などについても例外なく六ヶ月間再婚を禁止している点で、憲法違反であると考えられます。（実際には運用によって、例外的に婚姻届を受理することで対応しているようですが、憲法による違憲審査という観点からすれば、明文で例外が認められてない限り、この規定は権利を過度に制約するもので憲法違反といえるでしょう）。

　ほかにも、夫婦同氏原則を定める民法七五〇条[*18]や男女異なる婚姻適齢を定める七三一条[*19]なども問題になりますが、これらは、憲法適合性のみならず、（婚姻・離婚・姓の決定・子の数等の決定について男女の同一の権利を明示的に定める）女性差別撤廃条約一六条[*20]との適合性などを再検討する必要があります。第二次男女共同参画基本計画（二〇〇五年）や第三次男女共同参画基本計画（二〇一〇年、本書第5章一二五頁以下参照）も指摘するように、男女共同参画社会の実現という観点から

＊16　第七七二条「妻が婚姻中に懐胎した子は、夫の子と推定する。②婚姻成立の日から二百日後又は婚姻の解消若しくは取消の日から三百日以内に生まれた子は、婚姻中に懐胎したものと推定する。」

＊17　第七三三条「①女は、前婚の解消又は取消の日から六箇月を経過した後でなければ、再婚をすることができない。②女が前婚の解消又は取消の前から懐胎していた場合には、その出産の日から、前項の規定を適用しない。」

＊18　第七五〇条「夫婦は、婚姻の際に定めるところに従い、夫又は妻の氏を称する。」

＊19　第七三一条「男は、満十八歳に、女は、満十六歳にならなければ、婚姻をすることができない。」

「家族に関する法制の整備」（民法改正）を進める必要があるでしょう。

五　男女共同参画（ジェンダー平等）の行方

最後に男女共同参画（ジェンダー平等）の問題にも触れておきます。日本は一九八五年に女性差別撤廃条約を批准し、一九八六年の雇用機会均等法や一九九〇年の育児休業法制定などを経て、一九九九年に男女共同参画社会基本法が制定され取組みが進められてきました。

男女共同参画社会基本法[*21]は、その前文で、男女共同参画社会の形成が「二一世紀我が国社会を決定する最重要課題」であると位置づけています（第5章参照）。この基本法が国や地方公共団体に積極的な取り組みを義務づけたことをうけて、二〇〇〇年三月以降、各地の自治体で男女共同参画推進条例が制定されました。

現在、都道府県では、千葉県を除くすべての県、四六都道府県で制定されています。革新の堂本知事がおられた千葉県でなぜ条例が制定できなかったのかについては、事情があります。実は、堂本知事のもとで念入りに準備されてきた条例案が二〇〇二年一〇月に継続審議となり、入札資格に男女共同参画促進度を考慮する規定や家族経営協定に関する規定が削除され、結局不成立となりました。修正の要望書を届けたのが、千葉県神社庁や日本会議千葉などだったそうで、男女

＊20　第一六条「締約国は……特に、男女の平等を基礎として次のことを確保する。(a)婚姻をする同一の権利。……(g)夫及び妻の同一の個人的権利（姓及び職業を選択する権利を含む。）」詳細は後掲『コンメンタール女性差別撤廃条約』参照。

＊21　本書第5章一一九頁以下参照。

共同参画に対する「バックラッシュ」[*22]の潮流が、いわば草の根保守主義の土壌で政争の具になったことが憂慮されます。

同じようなバックラッシュの影響を受けた条例に、宇部市男女共同参画推進条例[*23]があります。宇部市は、一九九八年六月に中国地方で初めて男女共同参画宣言都市となり、二〇〇二年一月に男女共同参画推進審議会の答申が出されたのですが、その後、基本理念に抜本的修正を加えた条例案が可決され、その三条一号では「男女が、男らしさ女らしさを一方的に否定することなく男女の特性を認め合い」という文言を加えて性差を強調し、同四条四号では「専業主婦を否定することなく、現実に家庭を支えている主婦を……支援するよう配慮に努める」などの文言を挿入しました。この条例を「画期的」「模範的」と評価する一部の言論のなかに、日本の伝統と文化の尊重の名のもとに旧来の性別役割分業や家父長制的な構造を一層固定化し、基本法の精神を否定する政治的意図や運動があることを無視することはできません。

このような男女共同参画推進の動きと、バックラッシュとの対抗のなかで、日本の男女共同参画状況は停滞しているようにみえます。政治・家庭・雇用の各場面についても、たいへん不十分なものです。当初から危惧されていたように、男女共同参画社会基本法の考え方を、日本の津々浦々に浸透させるには、相当な時間がかかりそうです。

＊22　「巻き返し」「反動」などの意味。早野透「男女共同参画バックラッシュ」朝日新聞二〇〇二年一〇月二二日朝刊コラム参照。

＊23　条例については、辻村みよ子・稲葉馨編『日本の男女共同参画政策』東北大学出版会（二〇〇五年）巻末資料等参照。本書一二〇頁以下参照。

この男女共同参画をめぐる問題については、第5章で検討することにします。また、そのうちとくに、政治参画とポジティヴ・アクションについては、第6章に譲ります。

六　まとめ――二一世紀型人権をめざして

さて、これまで二つの憲法観からはじまって、二つの人権観、家族観、そして、男女共同参画ないしジェンダー平等についての推進派とバックラッシュの対抗という二つの考えを対比して、みてきました。これらの二つの考えについては、とくに憲法観と男女共同参画（ジェンダー平等）との間では、一見すると関係がないようにみえますが、実は、大いに関連しているのです。

ここで指摘した二つの憲法観、人権観、家族観、そして、ジェンダー平等観は、いずれも、同じ、根をもっています。国家主義的な憲法観にたつ改憲派は、文化・伝統を重視するという視点から、天皇制・家父長制・旧家族制度を重視し、その結果、個人主義的な人権観や家族観を否定し、さらに男女平等・男女共同参画（ジェンダー平等）や性別役割分業[*24]の見直しにも反対しているのです。これらが、密接な関係にあることは、改憲を支持する自由民主党の保守派などの主張にも示されています。かれらは、改憲によって、国家主義的な憲法観や、人権観を導入

＊24　本書第5章、一一二頁以下参照。

するだけでなく、国家主義的な家族制度の復活や、男女共同参画社会基本法の改廃など、一貫した主張を展開しています。

これに対して、最近では、最初にみたような国家と国民の「協働型」の憲法観や、共同体的な家族観が議論されていて紛らわしくなっています。何か、とても新しい共同体型を装いつつ、実際には、文化や伝統の名のもとに旧来の家父長型家族や女性に対する差別を温存し、固定的な性別役割分業を維持する流れが、大きくなっているのです。

このように、一定の憲法観が、あらゆる場面に共通する問題として影響を与えている現状では、これに対して、どのように対処すべきか、その方向は大変重要になるでしょう。「協働型」憲法観については、その国家主義的本質を明らかにしつつ、本来の共同体型国家や、共同体型家族のありかたを検討してゆかなければなりません。

この点では、従来のような「国家からの自由」か、「国家による自由」か、という二者択一という結論では不十分です。「国家からの自由」を強調するだけでなく、実際に、協働型の憲法や共同体型の憲法、あるいは家族とはどういうものであるかを明らかにした上で、昨今の議論が、これとは似て非なるものであることを批判してゆくというやり方も必要でしょう。

この点では、私が、これまでの人民（プープル）主権説を現代的に展開して主張している「市民主権」説なども、有効な視座になるように思います。

これについては、すでに第２章でのべましたが、この考え方は、国籍保持者としての抽象的・観念的な国民全体を主権者と捉えて、実際には、国民代表が主権を行使するような国民主権論（フランスでいうナシオン主権）ではなく、政治的意思決定能力を持った市民、ないしその総体である人民が主権主体であると同時にみずから主権を行使するという市民主権論ないし人民主権論（フランスでいうプープル主権）を基礎にしています。

このような市民主権の考え方では、主権者である市民が、実際に、選挙や住民投票などを通して、主権行使に積極的に関わり、主権者市民の立場で、みずからの自由、人権を守ること、すなわち「市民主権による自由」という観点が必要になります。平和の問題と同様、人権についても、男女共同参画、ジェンダー平等についても、実際に、市民が男女共同参画推進条例の担い手となり、それを実現する主体となってはじめて、市民が主役の男女共同参画社会を形成することができるというものです。市民主権による人権保障、市民主権による平和、市民主権による男女共同参画・ジェンダー平等の実現、これが今、求められていると思います。

国家と憲法、人権、家族、ジェンダーの問題をそれぞれ切り離して考えるのではなく、人権保障のあり方の問題、すなわち憲法問題そのものとして、一連のものとして捉え、市民が「権力を民主化する」ことによる男女共同参画の実現、が求められます。

女性の政治参画、社会進出によって、社会の活性化をもたらし、人間らしい生活を確保しなければなりません。これは、女性のためだけでなく、男性のためでもあります。一九七〇年代ころまで、「二四時間働けますか」、とか「私作る人・ぼく食べる人」などというテレビコマーシャルがありましたが、今は、まさか、こんな時代遅れのコマーシャルは許されないでしょう。今は、そんな時代ではない。二四時間働いたら、人間的な家族生活や、子育てなど、何もできないのです。二四時間働かされるビジネスマン、会社人間がいるとすれば、それは、大変不幸な社会です。男性がこのような企業社会で搾取されているとすれば、それを改めてゆくのが、個性の尊重、個人の尊重を基調とする男女共同参画社会なのです。また、この社会は、「私作る人・ぼく食べる人」のような固定的な性別役割分担をみなおして、男女がともに責任を分かち合う社会です。

二一世紀型の人権とは、家族とは、ジェンダー平等とは何か、を真剣に考えて、市民主権による男女共同参画社会を築いてゆきたいと思います。

憲法を考えることは、人権や家族を考えることである、という捉え方にたって、これからの人権保障、ジェンダー平等を構築すべき時だと思います。「今こそ、未来志向で、人権、家族、ジェンダーを考える時代である」という言葉で、締めくくらせていただきます。

〔参考文献〕

辻村みよ子「二つの憲法観――二一世紀の人権・家族・ジェンダー」全国憲法研究会編『憲法問題二〇』三省堂（二〇〇九年）
――「改憲動向の中の人権と家族」世界二〇〇七年四月号、岩波書店
――『市民主権の可能性』有信堂（二〇〇二年）
――『憲法（第三版）』日本評論社（二〇〇八年）
――「家族・国家・ジェンダーをめぐる比較憲法的考察」水野紀子編『家族――ジェンダーと自由と法』（辻村みよ子監修・二一世紀COEジェンダー法・政策研究叢書第六巻）東北大学出版会（二〇〇六年）
――『憲法とジェンダー』有斐閣（二〇〇九年）
国際女性の地位協会編『コンメンタール女性差別撤廃条約』尚学社（二〇一〇年）
中里見博『憲法二四条＋九条』かもがわ出版（二〇〇五年）
二宮周平『家族法（第二版）』新世社（二〇〇四年）
ベアテ・シロタ・ゴードン（平岡磨紀子訳）『一九四五年のクリスマス』柏書房（一九九五年）

第4章 「新しい人権」とリプロダクティヴ・ライツ

■代理母問題を考える

ここでは、「新しい人権」について、とくに最近話題になることの多い、代理母や人工生殖（生殖補助医療）の問題について、日本学術会議での議論など踏まえて検討してみたいと思います。

さて、私自身は、一九七〇年代から憲法学研究者の道を歩んできましたが、その出発点は、フランス革命期の憲法や人権宣言の研究でした。大学院生時代のフランス研修中からフランス革命期の憲法や選挙権などについて歴史学的な方法で研究を続けてきましたので、ここでも、少し回り道ですが、近代に遡って、人権の展開と、現代の「新しい人権」についてみた上で、本題のリプロダクティヴ・ライツの話に進んでゆきたいと思います。

一　人権とは何か

1　近代法の本質と主体

「すべての人には人権がある」という考えが、今日では一般的に認められていますが、「なぜ人間には権利があって動物にはないのか」、「誰が、人間が自由で平等であるべきことを決めたのか」、「人権の根拠は何か」、と問いかけますと、これは哲学的な課題で、簡単には答えることができないでしょう。実際、「すべての人間は生まれながらに自由で平等である」ことを宣言したアメリカ独立宣言やフランス人権宣言以降、すなわち近代市民革命以降、合理主義的な人間主義に基づいて、普遍的な人権という考えが確立されてきました。それ以前にも一三世紀にマグナ・カルタなどが書かれていますが、これはイギリスの特権階級の権利を保障したものでしたので、通常は、近代の人権宣言には含めません。

近代の人権宣言として最も体系的な内容をもち、世界の近代的人権の出発点となった一七八九年のフランス人権宣言（写真4－1）は、すべての人が持つ自然的・普遍的な権利として、二条で[*1]「自由・安全・所有・抵抗」という四つの権利を掲げていました。これらは、今日でいう精神的自由権・身体的自由権・経済的自由権という自由権と、抵抗権に相当します。すでに第2章でみたように、これ

＊1　「すべての政治的結合の目的は、人の、時効によって消滅することのない自然的な諸権利の保全にある。これらの諸権利とは、自由、所有、安全および圧制への抵抗である。」

らの権利を守るために国家が存在するという構造になっていました。

しかし、ここではすべての人の普遍的人権が保障されていたはずだったのですが、実際には、女性には、財産を相続したり管理することが認められなかったり、夫の保護のもとに男性と不平等な地位におかれたりしていました。また、すべての市民は、法律の制定に参加できる、と定めていましたが、実際には、制限選挙制度のもとで、一部の金持ちだけが選挙権をもっており、貧しい男性や僕碑とよばれた階層のものは権利を認められていませんでした。

写真4－1

1789年人および市民の権利宣言（辻村蔵の絵はがきより）©Musée Carnavalet

このように、すべての人の普遍的人権を保障したかのような外見をとりつつ、実際には性差別や人種差別を内包していました。このことを最初にオランプ・ドゥ・グージュが喝破して「女性（femme）および女性市民（citoyenne）の権利宣言をあらわして以来、このような近代人権論や近代法の本質が批判されてきました。

2　オランプ・ドゥ・グージュと女性の権利の展開

下の写真（4－2）は、女性の権利宣言の二〇〇周年（一九九一年）に作られたポスターです。一七九一年九月に公刊されたグージュのこの宣言は、一七八九年の「人権宣言」を模して一七カ条からなり、各条文の権利主体を、女性・女性市民あるいは両性に変更する形で構成されていました。王妃マリー・アントワネット（Marie Antoinette）へのよびかけではじまり、宣言の前後に、前文と後書きが付されており、宣言第一条前段は、「女性は自由なものとして生まれ、かつ、権利において男性と平等なものとして生存する」と規定し、さまざまな権利を定めていました。

オランプ・ドゥ・グージュは、一七四八年に南フランスの小さな町に生まれて、若くして夫と死別し、一歳の子どもをつれてパリに出て、劇作家として有名になった人物ですが、実の父親は当時文人として名高かったポンピニャン侯爵であったことがわかっています。彼女は四〇歳を過ぎてからフランス革命に身を投じ、議会への請願や政治的なパンフレットを出版したりします。実は、私が大学院生の時から資料を集めて、日本で最初にこの権利宣言を翻訳し、伝記[*2]も翻訳出版しています。

この宣言で、とくに有名なのは、精神的自由に関する規定です。ここでは、「女性は、処刑台にのぼる権利をもつ。同時に女性は、……演壇にのぼる権利をも

写真4－2

1991年発行の女性および女性市民の権利宣言のポスター（辻村蔵）

＊2　辻村みよ子訳（O・ブラン著）『女の権利宣言――フランス革命とオランプ・ドゥ・グージュの生涯』岩波書店（一九九五年）、同監訳『オランプ・ドゥ・グージュ』信山社（二〇一〇年）参照。

たなければならない」（第一〇条）と述べて、女性の政治参画の権利を要求しています。また、「思想および意見の自由な伝達は、女性の最も貴重な権利の一つである。それは、この自由が、子どもと父親の嫡出関係を確保するからである」（第一一条）という文言も有名です。ここでは子の父親を明らかにする権利については、婚外子（非嫡出子）とその母親たる女性の法的救済を要求し、ひいては性の自由の保障を要求するものとして注目されます。また、彼女は、婚外子の平等も呼びかけていて、今日にも通じる画期的な提言をしていたことが分かります。

彼女は、反革命容疑で逮捕され、一七九三年一一月三日にギロチンにかけられてしまいます。処刑台にのぼる権利と言っていた彼女が、本当に処刑されてしまったとは、皮肉な運命でした。

その後、フランスでは、一八四八年に男子普通選挙が実現されますが、女性は第二次大戦後の一九四六年憲法まで一〇〇年遅れます。また、民法でも、一八〇四年にナポレオン民法典ができますが、ここでは、夫婦の貞操義

写真４－３

写真４－４

オランプ・ドゥ・グージュの処刑（Exécution d' Olympe de Gouges）
（出典）O. Blanc, Marie-Olympe de Gouges, Ed. R. Viénet, 2003 © British Library

務に不平等があり、妻の不貞は姦通罪で処罰され離婚原因になるのに対して、夫の場合は女性を自宅に同居させた場合だけ離婚理由になると定められていました（また、刑法でも、夫が妻の相手を殺しても不可罰であるのに対して、妻が夫の愛人を殺した場合には殺人罪、というような刑罰の不均衡がありました）。このような民法は日本の戦前の旧民法にも影響を与えました。

3　イギリスとアメリカでの女性の権利要求

イギリスでも、一七八九年人権宣言に対する痛烈な批判があったことに対して、メアリ・ウルストンクラフトという女性が『人間の権利の擁護』（一七九〇年）を書き、さらに、『女性の権利の擁護』（一七九二年）を著しています。彼女の議論は当時では殆ど反響がなかったのですが、英米で女性参政権が獲得された二〇世紀前半に彼女の再評価がおこり女性解放思想史上で高く評価されることになりました。

他方、アメリカでは、ルクレシア・モット、エリザベス・スタントンと「女性の所信宣言」が有名です。一七七六年のアメリカ独立宣言やヴァージニア権利章典などでは、自然権が保障され、普遍的な「人権」が宣言されましたが、黒人奴隷や女性は無権利状態にあり、アメリカの近代革命は、専ら白人・ブルジョア・男性の権利を保障したにすぎなかったということができます。

これに対して、一八三〇年代から、奴隷制撤廃を掲げる女性の結社が作られ、女性と奴隷の解放を結びつける運動が展開されました。西部出身のクェーカー教徒ルクレシア・モットは、メアリ・ウルストンクラフトの影響をうけて、エリザベス・スタントンとともに、一八四八年にニューヨーク州の革新的な工業都市セネカ・フォールズで「女性の権利獲得のための集会」を開き、「女性の所信宣言〔Declaration of Sentiment〕」を発表したのです。

「女性の所信宣言」は、「独立宣言」の文言を踏襲して起草され、女性参政権も要求していました。しかし、女性参政権運動が本格化して憲法修正案が連邦議会に出されるのは、南北戦争を経た一八八六年であり、アメリカ合衆国で男女平等な普通選挙権が実現するのは、一九二〇年のことです。

4　日本での女性の権利の展開

日本でも、明治維新後の一八七〇年代に自由民権期にフランス人権宣言などが翻訳・紹介され、自然権思想をもとにした天賦人権説のもとで男女平等論が導かれました。当時の福沢諭吉や森有礼、植木枝盛などの議論が注目されますが、とくに植木は、一八七九年に「男女平等ニ就キテノ事」を著し、また『土陽新聞』連載の「男女平等論」では、女性の被選挙権も要求していました。これに対して、明治政府は市町村制（一八八八年）・集会及政社法（一八九〇年）・治安警察法（一九〇〇年）等によって女性の参政権と政談演説の傍聴・主催、政党加入等を禁止しました。

大正デモクラシー期には、平塚らいてう[*3]や市川房枝[*4]らの新婦人協会[*5]等によって婦人参政権運動が展開されましたが、一九三〇年の婦人公民権案審議の場面でも、当時の反対論は、知的・体力的・道徳的不平等などの男女不平等論と天職論、実益論でした。とくに賛成論のなかに、女性に選挙権を与えると「女子が家庭を疎かにして政治運動の為に飛び廻るかの如く考へる誤解があるが……性能の根本問題に憂い抱くことは全く杞憂である」とする女性の家庭責任・役割分担を前提にした議論があったことは、フランスのコンドルセや、イギリスのジョン・ステュワート・ミルの場合と同様でした。

二　現代的人権の展開

1　国際的人権保障

その後、日本では、第二次大戦後に憲法が制定されますが、国際人権条約や諸国の憲法によって、男女平等が保障されてゆきます。

国連では、一九四五年の国連憲章で男女平等と女性の権利保障への決意を示した後、一九六七年には「女性差別撤廃宣言」、一九七九年に女性差別撤廃条約を

＊3　一八八六―一九七一年。新婦人協会を設立した作家・女性解放運動指導者。与謝野晶子との母性保護論争は有名。

＊4　一八九三―一九八一年。元参議院議員。婦人参政権運動を主導し、戦後初の「新日本婦人同盟」を結成。

＊5　新婦人協会は、一九一九年（大正八年）一一月二四日に、平塚らいてう、市川房枝、奥むめおらの協力により設立。

女性の権利の展開については辻村後掲『ジェンダーと人権』第一～三章参照。

採択しました。条約では、法律のみならず慣習・慣行上の差別の禁止や暫定的特別措置も明記され、法律上の平等のみならず、性別役割分担論の克服、およびそれによる事実上の平等をめざしていること（2条(f)）が特徴です。女性差別撤廃条約には、二〇一〇年一月現在一八六カ国という多くの国が締約国となって、その運用を監視してきました。また、個人通報制度を定めた選択議定書[*6]には、二〇一〇年一月現在で九九カ国が署名しています。日本は、条約には一九八〇年に署名し、一九八五年に批准しましたが、選択議定書には署名も批准もしていない状態です。

2 近代的人権と現代的人権

いわゆる近代的人権と現代的人権とを比べると、明らかな違いがあることがわかります。

近代的人権は、(a)本質は、すべての人間の不可譲・不可侵の権利（人権の普遍性・固有性・前国家性）、(b)主体は、白人・ブルジョア・男性の権利（女性やマイノリティーの排除）、(c)内容は、自由権（第一世代の人権）・形式的平等が中心で、国家と個人の二極構造（国家からの自由）にもとづいていました。これに対して、現代的人権は、(a)主体について、近代に排除されていたマイノリティや子ども・女性等にも権利が保障され、(b)内容も、一九一九年のワイマール憲法など、社会権

＊6　女性差別撤廃条約と選択議定書の内容と最近の動向につき、国際女性の地位協会編後掲『コンメンタール女性差別撤廃条約』、山下・辻村ほか編『ジェンダー六法』信山社（二〇一一年）参照。

(第二世代の人権)に拡大されました。さらに、(c)保障形態も国際的保障、裁判的保障、私人間の権利保障が一般化しました。

3 「新しい人権」の登場

自由権・社会権に続いて、第一章でふれた「第三世代の人権」とよばれる新しい人権も登場しました。この「第三世代の人権」といういい方は、一九八〇年代から、フランスのヴァサクという教授などによって提唱され、しだいに、国際憲法学会などでも一般化してきました。ちなみに、第一世代の人権とは近代に成立した自由権(思想・表現の自由、身体の自由など)、第二世代は二〇世紀の現代憲法で保障された社会権(生存権、労働権など)、「第三世代の人権」とは、「新しい人権」としてのプライヴァシー権や環境権さらには、途上国の発展の権利などを指して言うことがあります。本書第1章で検討した平和的生存権については、これらの二〇世紀後半の権利よりもさらに進んだ、二一世紀的権利でもある、ということができます。これらのうち、プライヴァシー権[*7]は、最近ではかなり一般的になりましたが、その定義についてなお議論があります。従来は、静謐のプライヴァシー、すなわち放っておいてもらう権利(the right to be let alone)が基本でしたが、現在では、自己に関する情報をコントロールする権利、情報コントロール権のように理解されています。また、環境権も「良好な環境を維持する権利」と

*7 辻村後掲『憲法(第三版)』一七二頁以下、『比較憲法(新版)』一三五頁以下参照。

して、日照権や嫌煙権などが良く知られるようになりました。このほか、自己決定権や、以下で検討するリプロダクティヴ・ライツも、「新しい人権」ということができます。

三　リプロダクティヴ・ライツとは何か

1　リプロダクティヴ・ライツの定義

リプロダクティヴ・ライツ[*8]は、一九九四年カイロ行動計画などで、「すべてのカップルと個人が、自分たちの子どもの数、出産間隔、ならびに出産する時を、責任をもって自由に決定でき、そのための情報と手段を得ることができるという基本的権利、ならびに最高水準の性に関する健康およびリプロダクティブ・ヘルスを得る権利を認めることにより成立している権利」と定義しています。いわば、「自己の生殖をコントロールし、性と生殖に関する健康（リプロダクティヴ・ヘルス）を享受する権利」であり、「リプロダクションの自己決定権（自己の生殖をコントロールする権利、生殖に関する自己決定権）」と「リプロダクティヴ・ヘルスケアへの権利」が含まれます。

＊8　谷口後掲『リプロダクティブ・ライツとリプロダクティブ・ヘルス』、辻村後掲『ジェンダーと人権』第七章参照。一九七九年の女性差別撤廃条約でも、第一六条（e）で、「子の数及び出産の間隔を自由にかつ責任をもって決定する同一の権利並びにこれらの権利の行使を可能にする情報、教育及び手段を享受する同一の権利」が、確保されるべきことが定められました。

2　生殖に関する権利

ここには、産まない権利だけでなく、産む権利、生殖補助医療の進歩の恩恵を受ける権利を有するのかどうかという問題が含まれており、代理懐胎（代理母）をめぐる問題として議論されています。

(1)　産まない権利

産まない権利には、人工妊娠中絶の権利がありますが、これには、国や宗教によって考え方や扱いがちがっています。

ドイツでは、人間の尊厳・胎児の利益を、女性（母）の自己決定権よりも優先する傾向があります。これは、国家の「基本権保護義務論」[*9]という考え方で、自己決定できない胎児の権利を、国家が保護するため、一九九三年に連邦憲法裁判所で、堕胎を広く認める刑法改正に関する違憲判決がでています。

フランスでは、一九七五年憲法院判決以来、妊娠中絶法を合憲とする判決が確定されていますが、ここでは、生命の始まり以後の人間の尊厳を尊重しつつも、女性の身体の自由・母体の健康のほうを重視しています（ただし、欧州人権条約二条では胎児の生命権の保障が明示されているために議論がありましたが、一九九〇年コンセーユ・デタ判決は、女性の中絶決定権を尊重しました）。

アメリカでも、母体保護・胎児の生命の保護という州（国家）の利益と、女性個人の中絶の自由をどう考えるか、という問題が最高裁で争われてきました。有名な一九七三年連邦最高裁判所ロウ判決では、プライヴァシー権として、女性の

＊9　本書第2章五一頁参照。

決定権をみとめましたが、一九九二年ケイセイ判決、二〇〇七年ゴンザレス判決などになって、しだいに、州のやむにやまれぬ利益（厳格審査）基準論や女性の決定権論が後退して、その基本的権利性が動揺しています。[*10]

(2) 産む権利

次に、反対に産む権利についてみておきましょう。アメリカの判例・学説では、子どもを産まない権利（消極的生殖の権利）や、避妊の権利（女性の負担の回避）などと並んで、子どもを産む権利（積極的生殖の権利）、「妊娠する権利と自分の子どもを育てる権利」などが、基本的権利として、判例で認められてきました。ここで検討する「生殖補助技術を使用する権利」については、最高裁判決はまだありませんが、不妊カップルの子をもつ権利は、生殖補助技術利用の権利によって実現されるという考えが、アメリカの下級審[*11]でも示されているようです。

(3) 生殖補助医療技術の進歩を利用する権利

現在では、生殖補助医療技術やとくに代理母によって子をもつ権利はあるのかという問題が、まさに世界中で社会問題になっています。しかし、代理母契約を禁止するか許容するかを巡って、世界各国で対応が激しく分かれているところです。

ドイツ連邦共和国基本法[*12]では、先に人工妊娠中絶についてみたのと同様に、人間の尊厳を中心に考える立場から、代理母を刑罰つきで、禁止しています。世界でもっとも厳しい立場といえます。また、スイス憲法では、一一九条一項[*13]に人工

＊10　各国の動向は、辻村後掲『比較憲法（新版）』一四一頁以下参照。

＊11　服役囚が妻との体外受精を行うために精子を治療施設に郵送することを求めたのに認められなかったことが生殖の権利の侵害にあたるとして訴訟を起こした事件で、州の控訴裁判所が「生殖の積極的権利が存在する」として服役囚に権利を保障した例などが知られています。青柳幸一後掲書参照。

＊12　第一条「①人間の尊厳は不可侵である。これを尊重し保護することが、すべての国家権力に義務づけられている。②各人は、生命への権利および身体を害されない権利を有する。」

生殖問題についての詳細な規定が置かれ、代理出産の禁止が憲法に明記されました。これによって、従来は、私人の間を規律する民法の課題であると考えられてきた問題が、憲法事項であることが証明されたといえます。

3　日本国憲法と自己決定権

これに対して日本の憲法は、これらの新しい権利についての規定を置いていませんが、一三条で「すべて国民は個人として尊重される」と定められ、二四条二項で人間の尊厳と両性平等が明示されていますため、これらが、リプロダクティヴ・ライツの根拠規定になると思われます。

憲法学の通説では、自己決定権は、「自己の個人的な事柄について、公権力から干渉されずに自ら決定する権利」と定義され、憲法一三条で保障されていると解されています。さらに、ここには、①自己の生命、身体の処分にかかわる事柄（自殺・安楽死・治療拒否など）、②家族の形成、維持にかかわる事柄（結婚・離婚など）、③リプロダクションにかかわる事柄（妊娠・出産・妊娠中絶など）、④その他の事柄 のような内容が含まれると解されています（佐藤幸治説[*14]）。ここでは、リプロダクションに関する自己決定は権利であるとされていますが、詳細な理論的研究は不足しています。

＊13　「人間は、生殖医療と遺伝子技術の誤った利用から保護される。…あらゆる種類のクローニングや、人の生殖細胞・胚に手を加えることは許されない。胚の提供およびあらゆる種類の代理出産は、禁止される」

＊14　佐藤幸治『憲法（第三版）』青林書院（一九九五年）四六〇頁。

四　代理母問題と生殖補助医療の展開

1　生殖補助医療の進展

これに対して、医学の分野では、不妊治療としての生殖補助医療が著しく進歩しました。一九八三年はじめて人工授精に成功して以来、人工授精[*15]（ＡＩＤ、ＡＩＨ）や、体外受精[*16]（ＩＶＦ）、胚移植[*17]がすでに一般化されて広く行われおり、非配偶者間人工授精（ＡＩＤ）は二万人、体外受精は一二万人以上が出生していることが知られています。人類がこれまでおよそ経験したこともなかったようなことが技術の進歩により可能となりました。二〇〇一年五月には、日本で最初の代理懐胎者による出産が報じられました。

2　代理懐胎の種類

代理懐胎とは、子を持ちたい女性（依頼女性）が、生殖医療の技術を用いて妊娠すること及びその妊娠を継続して出産することを他の女性に依頼し、生まれた子を引き取ることをいいます。さまざまな事情で、依頼を受けた女性が出産に至らない場合でも、その女性に妊娠が成立した段階で代理懐胎という行為が行われたとみなされます。代理懐胎には、サロゲートマザーとホストマザーという二種

＊15　男性の精子を人為的に女性の子宮に注入して受精させる方法で、配偶者間のＡＩＨと非配偶者間のＡＩＤに分かれる。

＊16　女性の側に不妊の理由がある場合に、体外で受精させ、胚を子宮に戻す方法。

＊17　第三者の配偶子を用いた体外受精により得られた胚を子宮に戻す方法。

類の方法があります。サロゲートマザーは、一般に、夫の精子を第三者の子宮に人工授精の手技を用いて注入して懐胎させ、この第三者が妻の代わりに妊娠・出産するものです。これに対し、ホストマザーは、一般に、妻の卵子を体外受精で行われる採卵の手技を用いて妻の体外に取り出し、夫の精子と受精させ、胚となったものを第三者の子宮に移植することによりこの第三者を懐胎させ、この第三者が妻の代わりに妊娠・出産するものです（図表4－1参照）。

サロゲートマザーの場合は、代理母が出産するのですが、遺伝子は代理母のものですので、遺伝子的な母と分娩する母が同じとなり、依頼人であり育ての母となる人と二人の母があることになります。これに対して、ホストマザーの場合は、遺伝子的な母は依頼者と同じですが、分娩する代理母とは遺伝子がことなることになります。この場合に、母体に悪い影響があるかどうかも不明ですが、危険を主張する人もいます。この場合には、遺伝子的には自分の子どもを育てるわけで問題ないように思えますが、分娩した代理母が出産後引渡しを拒んだ場合や、あるいは、民法で、子どもの母を分娩者と定めている国などでは、親の決定が難しくなります。この場合は体外受精ですので、依頼者の卵子を用いずに第三者の卵子を用いる場合には、遺伝的な母親がほかに存在して、三人の母がいることになり、問題が複雑になります。

図表4－1　代理懐胎の種類

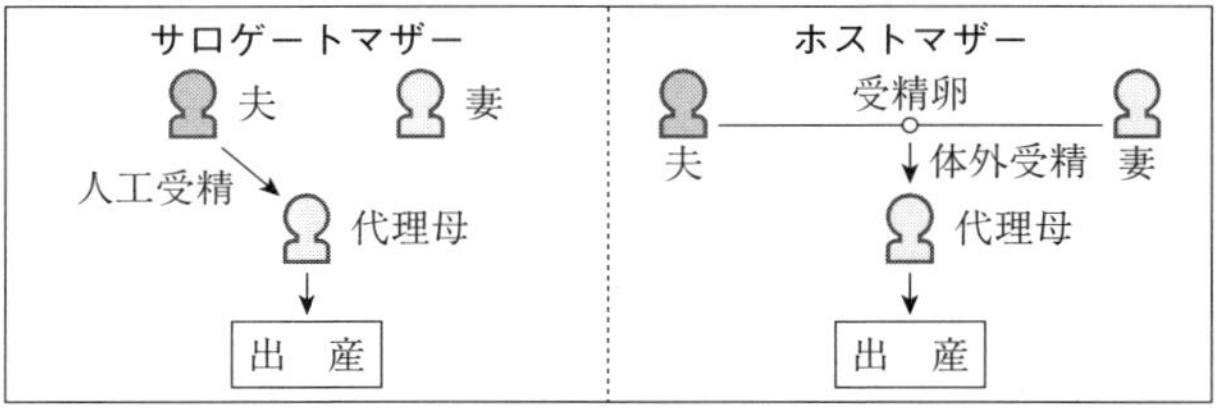

3　代理懐胎をめぐる課題

(1)　規制の不在

日本ではまだ生殖補助医療を規制する法律がなく、産科婦人科学会の会告によって自己規制されてきたのが現実です。しかし、最近では、代理母などの問題が社会問題化していますので、国としての方針を定めるために、立法を求める声が強くなっています。とくに、罪のない子どもが不利益を受けることが多く、子の福祉の観点から法制化や救済が必要となっています。また、日本の民法はこのような新しい動きに対応できない規定になっていますため、とくに親の決定に関して問題が起こります。

例えば、日本でもタレントMさんのケースが話題になりました。この事例では、子宮頸がんのために子宮摘出し卵巣を温存して卵子を採取した後、夫の精子と体外受精して米国ネヴァダ州在住の女性（ホストマザー）と代理出産契約を結び、二〇〇三年一一月に双子の男児が生まれました。ネヴァダ州裁判所はM夫妻を両親とする出生証明書を発行しましたが、翌年一月、東京都品川区役所に出生届を提出したところ、六月に法務省が不受理の決定をしました。M夫妻はこれを不服として東京家庭裁判所に処分取り消しを申し立てましたが却下されたため、東京高等裁判所に即時抗告しました。東京高裁[*18]では、ネヴァダ州裁判所の判決の効力を日本でも認めて出生届受理命令を下しました。ここでは、外国判決を承認する上で日本の民法を適用する余地はなく、実質的に日本法の公序良俗違反にあたら

＊18　東京高裁二〇〇六（平成一八）年九月二九日決定（判例時報一九五七号二〇頁）

ないとしました。

これに対して、上告審である最高裁[*19]は、「立法による速やかな対応が強く望まれる」としつつも「母子関係は出産という客観的事実によって当然に成立する」とした判例[*20]に依拠し、ネヴァダ州裁判所の判決が日本法の公序良俗に反すると解することによって、東京高裁決定を破棄しました。これによってM夫妻側の敗訴が確定し、子どもの日本国籍は認められませんでした、その後国際養子により養子として日本で養育されていますが、実子としては認められていない状態です。

(2)　子の「出自を知る権利」　代理懐胎にはたくさん課題があるのですが、第三者の卵子を用いた体外受精や、非配偶者間人工授精（ＡＩＤ）の場合と同様に、子どもに「自己の出自を知る権利」[*21]があるかどうか問題になります。日本では、ＡＩＤなどもすべて匿名が原則とされているため、実際に子が大きくなったときに、自己と遺伝子的つながりを持った親を知ることができないことで悩むことになり、大きな問題を含んでいます。

(3)　自己決定論の陥穽　加えて、代理母になる女性の自己決定権が問題になります。日本では、実は、産科婦人科学会では代理懐胎を禁止しており、これを実施している医師は少ないのですが、実際に行っている諏訪クリニックでは、第三者に依頼することが難しいため、姉妹や母親が代理母になることを推奨しています。しかし、一般には外国にでかけて第三者に代理母になることを依頼しており、

＊19　最高裁二〇〇七（平成一九）年三月二三日決定（民集六一巻二号六一九頁）

＊20　一九六二［昭和三七］年四月二七日最高裁判決（民集一六巻七号一二四七頁）

＊21　日本も批准している子どもの権利条約［児童の権利に関する条約］第七条では、「児童は、出生の後直ちに登録される。児童は、出生の時から氏名を有する権利及び国籍を取得する権利を有するものとし、また、できる限りその父母を知りかつその父母によって養育される権利を有する」と定めています。

本当に、彼女らが、命の危険を犯して代理母になるための自己決定をなしえる立場かどうかは問題があります。

とくに、商業的な斡旋が横行しており、仲介業者が商売のためにタイやインドなどアジア諸国の貧困な女性に依頼することが多くなっています。ここでは、彼女らは、お金のために代理母になって身体を犠牲にしていますので、真摯な自己決定権の行使といえるかどうか、疑問があります。背後に存在する経済格差、知識の欠如、犯罪組織等に対する検討が必要です。とくに未成年者の場合や組織売春等には国家がどのように介入すべきかが問題になります。[*22]

(4) 生殖ツーリズム

とくに最近では、生殖ツーリズムの横行による犠牲がアジア諸国にひろがって、人身売買（トラフィッキング）とともに、重要な問題を提起しています。

日本でも、自己の遺伝子を持つ子を欲しがった男性の医師が、偽装結婚に近い形で日本女性と結婚し、インドの女性に代理母を依頼して子を持った後に離婚したため、インドの法律によって、子どもを日本につれてくることができなくなる事件もありました。

新聞報道[*23]でも、インド・タイなどの代理母斡旋の実情が知られていますが、二〇〇八年以降すでに三〇組以上の日本人カップルが依頼して、一〇人以上の子どもが生まれているそうです。インドでビジネスが拡大し、貧しい女性が、約六〇

＊22　援助交際や、売買春などの問題については、辻村後掲『ジェンダーと法（第二版）』第一三章参照。

＊23　二〇一一年二月一九日朝日新聞朝刊参照。

人も、町はずれの「代理出産ハウス」で暮らし、報酬として、約一〇〇万円（年収の九年分）を手にしたネパール出身女性の例などが紹介されています。日本人カップルが業者に五〇〇万円くらい支払って、夫の精子とタイ人女性の卵子で体外受精して得た受精卵をインド人の代理母に移植した例などが取材によって明らかにされていますが、これでは、貧しい女性を「産む機械」として利用し、人体を搾取しているという批判があてはまるでしょう。

4　禁止の論理

日本では、このような状況に対して、厚生労働省[*24]などで検討委員会が開催され、代理懐胎を禁止する議論が強まってきました。その理由として、母体保護や胎児の利益保護以上に、公益、国家の利益が主張されることがありましたが、本来は、国家が家庭内の生殖の問題に刑罰権などを行使する形で踏み込んでくることには抑制的であるべきですので、慎重な検討を要します。反面、自己決定権の名のもとに、実際には家父長制のイデオロギーすなわち後継ぎを残すという家制度の要請によって、さらには生殖サービス産業の戦略によって、真の自己決定ができない状況があることも事実です。

仮に、親にリプロダクティヴ・ライツがあるとしても、これらとの調整を念頭に置いて、早急に法的対応が図られる必要がありそうです、また、今後も医学や

＊24　厚生科学審議会生殖補助医療部会の「精子・卵子・胚の提供等による生殖補助医療制度の整備に関する報告書」（二〇〇三年四月）参照。

社会学など学際的な視点をふまえて、法学的見地からさらに論究すべきものと考えます。

五　外国の立法

1　代理母の禁止国・許容国

そこで外国の対応を見ておきましょう。代理母を禁止している国には、フランス・ドイツ・イタリア・スイス等がありますが、これに対して、許容する国も多く、とくに、部分的に、すなわち、商業主義的なものは禁止するが、自発的なもの（好意によるもの、利他的なもの）を認める、あるいは、部分的に（無償等の条件下で）認めている国は、たくさんあります。

現在では、許容している国[*25]として、イギリス、アメリカ（一部）、オランダ、ベルギー、カナダ、ハンガリー、フィンランド、オーストラリア（一部）、イスラエルのほか、デンマーク、ギリシア、ルクセンブルク、ロシア、アルゼンチン、ブラジル、インド、ニュージーランド、ベトナムなどがあることが知られています。

＊25　森岡ほか編後掲『医の倫理』一一七頁ほか参照。

2　フランスの法制度と議論

フランスでは、生命倫理法（一九九四年制定、二〇〇四年改正）で規制をしており、体外受精・胚の移植など生殖補助医療については、一定条件下で許容しています[*26]。ここでは、子をもつ権利（droit à l'enfant）という考え方が基礎になっていますが、学界では議論があります（民法学では否定説が多いのに対して、憲法学では、身体の自由、身体的自己決定権のなかに「子をもつ権利」を位置づけ、生殖を拒む権利と生殖補助医療を用いる権利を含める有力な見解も存在します）。

代理懐胎など、生殖補助医療を用いる権利については、抽象的には、困窮状況に苦しむ女性が妊娠中絶によって救済される権利、不妊の女性・カップルが補助医療により子をもつ権利が主張されていますが、民法で、代理母契約は無効、と規定されており、胚の売買など人身売買に当たるようなものには、厳しい刑罰が課されています。

このように、フランスは一般に代理懐胎禁止国として理解されていますが、アンケート結果では、回答者の五二％が営利的でないものは認めるべきだと回答したこともあり、法改正の議論が続いています。二〇〇九年の法改正に向けて、二〇〇七年に新たな委員会を組織して審議を開始しましたが、まだ改正法ができない状態です。

実際にも、隣国のベルギーやスペインなどにでかければ簡単に代理母を見つけ

＊26　これらの医療を受けられる条件として、生存していること、生殖可能年齢であること、婚姻または二年以上の共同生活の実態があること、異性間のカップルのみ利用できるなどです。

ることができることもあり、代理懐胎で生まれる子があとを絶たない状況です。

3　アメリカの法制度と実態

アメリカでは人工授精型の代理出産は一九七〇年代から実施され、体外受精型は数多く実施されてきました。法規制については州によって対応が異なり、アーカンソー、フロリダ、イリノイ、テキサス、ユタ州など約一〇州では代理母契約を許容する法律があります。これに対して、アリゾナ、インディアナ、ケンタッキー、ミシガン州など約一〇州では、代理懐胎契約を無効とする法律があり、ニューヨーク州やミシガン州などでは刑罰をもって禁止しています。連邦法による統一的規制法はありませんが、親子関係に関する統一州法（モデル・ロー）として、統一親子関係法が作成されており、そのなかに代理懐胎に関する規定が置かれて各州が随意施行できるようになっています。

このような状況のため、アメリカでは商業的な斡旋による代理母契約も広く実施されており、依頼者のカップルと代理母との間で、争いが絶えない状況[*27]にあります。

4　イギリスの法制度

イギリス[*28]では、一九七八年に世界で最初に体外受精児が誕生したこともあり、

＊27　実態については、大野後掲『代理出産』、金城後掲『生命誕生をめぐるバイオエッシックス』等参照。

＊28　神里・成澤編後掲『生殖補助医療』七四頁、金城後掲『生命誕生をめぐるバイオエッシックス』一六一頁以下参照。

法整備が進んでいます。一九八五年の代理懐胎法（Surrogacy Arrangement Act）、一九九〇年ヒト受精および胚研究法によって、営利目的の代理母契約や募集広告などを禁止し、罰則を科しているものの、非商業的なものは合法化されています。また、親子関係についても裁判所の決定や養子縁組によって認める方途が法制化されています。

5　オーストラリアの最新法制

オーストラリアでは、連邦全体での規制法はないのですが、全豪保健医学研究評議会（NHMRC）のガイドラインに従って、各州で法制化しています。シドニーのあるニューサウスウェールズ州では代理母を容認する傾向、メルボルンのあるヴィクトリア州では禁止、というように日本でも紹介されてきました。しかし、これについては、最近相当な動きがありました。最近はオーストラリアの殆どの州で法制化されており、ニューサウスウェールズ州では、二〇一〇年一一月一六日にサロガシー・アクト（Surrogacy Act 2010）という州法が成立して、新たに方針が定まりました。実は私は二〇一一年一月下旬からオーストラリアに調査にいっておりまして、二月中旬に帰国したばかりです。今後、論文で検討結果を公表する予定ですが、ニューサウスウェールズ州の法律では、「代理母の契約は無効である」としつつ、例外として、「無償の契約で、実際にかかったコストを払う契約の場合のみ有効」とされました。ここでは商業的な代理懐胎契約は禁止され、これに反すると罰金か二年以内の懲役を科せられます。この法律では、いわゆる他人のための善意の代理懐胎（altruistic surrogacy）のみ有効とするもので、オーストラリアの他の州でも、すべて、商業主義的な契約は禁止されています。

ヴィクトリア州でも、二〇〇八年に生殖補助医療法（Assisted Reproductive Treatment Act 2008）が成立しており、そこでは、商業主義的でない、借り腹型の代理懐胎契約が例外的に認められています。実際に、生殖補助医療に関する公的機関（VARTAなど）に行って話を聞いてきましたが、やはりすべてを禁止することは不可能であり、個人の自由やプライヴァシーを保護しつつ、商業主義を禁止する、というイギリスの法制度に近いものが各州で法制化されているようです。オーストラリアではこの結論に至るまで、フェミニストの間でも相当な議論があったそうです。

六　まとめ――日本学術会議報告書と今後の課題

日本でも、この問題に対して学際的見地から検討するために、二〇〇七年から、厚生大臣・法務大臣の諮問を受けて日本学術会議で「生殖補助医療の在り方検討委員会」を組織して審議をいたしました。約一年間の審議でしたが、すべての会合が公開で行われたために、いつも傍聴人やマスコミ関係者が多数来られて、議論が終わった後で毎回のように囲み取材を受けるという状況でした。委員の意見が大きく分かれていたために、なかなか結論が出ませんでしたが、両論併記ではなく、一つの方向性を出したいということで、二〇〇八年四月に報告書[*29]を提出して提言を出しました。提言は以下の一〇項目からなります。

① 代理懐胎については、法律（例えば、生殖補助医療法（仮称））による規制が必要であり、それに基づき原則禁止とすることが望ましい。

② 営利目的で行われる代理懐胎には、処罰をもって臨む。処罰は、施行医、斡旋者、依頼者を対象とする。

③ 母体の保護や生まれる子の権利・福祉を尊重し、医学的、倫理的、法的、社会的問題を把握する必要性などにかんがみ、先天的に子宮をもたない女性及び治療として子宮の摘出を受けた女性に対象を限定した、厳重な管理の下での代理懐胎の試行的実施（臨床試験）は考慮されてよい。

④ 代理懐胎の試行に当たっては、医療、福祉、法律、カウンセリングなどの専門家を構成員とする公的運営機関を設立すべきである。一定期間後に代理懐胎の医学的安全性や社会的・倫理的妥当性などについて検討し、問題がなければ法を改正して一定のガイドラインの下に容認する。弊害が多ければ試行を中止する。

＊29　日本学術会議対外報告書「代理懐胎を中心とした生殖補助医療の課題——社会的合意を求めて」（二〇〇八年四月）http://www.scj.go.jp/ja/info/kohyo/pdf/kohyo-20-t56-1.pdf参照。

⑤　代理懐胎により生まれた子の親子関係については、代理懐胎者を母とする。
⑥　代理懐胎を依頼した夫婦と生まれた子については、養子縁組または特別養子縁組によって親子関係を定立する。
⑦　出自を知る権利については、子の福祉を重視する観点から最大限に尊重すべきであるが、それにはまず長年行われてきた夫以外の精子による人工授精（ＡＩＤ）の場合などについて十分検討した上で、代理懐胎の場合を判断すべきであり、今後の重要な検討課題である。
⑧　卵子提供の場合や夫の死後凍結精子による懐胎など議論が尽くされていない課題があり、今後新たな問題が出現する可能性もあるため、引き続き生殖補助医療をめぐる検討が必要である。
⑨　生命倫理に関する諸問題については、その重要性にかんがみ、公的研究機関を創設するとともに、新たに公的な常設の委員会を設置し、政策の立案なども含め、処理していくことが望ましい。
⑩　代理懐胎をはじめとする生殖補助医療について議論する際には、生まれる子の福祉を最優先とすべきである。

ここで①③④に示されるように、原則禁止としつつ、試行的に一部許容するという結論になっています。この論理については、各方面から批判があるところですが、いずれにしても代理懐胎の試行に当たっては、医療、福祉、法律、カウンセリングなどが必要であり、専門家を構成員とする公的運営機関を設立すべきでしょう。

代理懐胎の場合には、法律で禁止すればすむ問題ではありません。法律違反の場合にも子を救済する必要があり、親の決定など、民法の見直しも避けることができません。実際に、法律で禁止した国でも絶えず法律の見直し論議が起きており、科学技術の進歩にみあうような、人権論の発展方向を見定めた議論が必要です。

なお、これまで人権論の観点から女性の権利の新しい展開を論じ、リプロダクティヴ・ライツがある、という形で話を進めてきました。人権の問題として、他に方法がない場合に、科学技術を利用して子をもつという抽象的権利があることは認める必要があるでしょう。しかし反面、女性の問題として捉えた場合には、代理母の問題には、他人の身体を用いる点でジェンダーに関わる本質的な問題が含まれていることがわかります。

すなわち、代理母となる女性については、身体のリスクがあるわけで、経済格差を背景に、アジアなどの貧困層の女性たちが搾取されるというジェンダー問題があります。代理母になる女性を道具に使う——女性の人権侵害（女性の身体の売買）、女性のモノ化という問題です。

他方、依頼人となる女性についても、真に自由な意志に基づいて、選択しているかどうか、という問題があります。すなわち、産むことにこだわりすぎているとか、あるいは「女は子を産んで一人前」という母性イデオロギーにとらわれている場合もあるかもしれません。そもそも不妊女性に対して、血統のつながる子を求める背後に、家父長イデオロギーがあるともいえます。

これらはいずれも、生殖補助医療問題、とくに代理懐胎問題の複雑さ、解決困難さを示しています。単に権利論だけでは説明のできない問題でもあり、そもそも生命操作やテクノロジーに対する倫理的・宗教的な批判もありうると思います。まさに、医学や法学など、文系理系の垣根を超えた学際的な学問研究を総動員して議論し、解決すべき問題といえるでしょう。

〔参考文献〕

辻村みよ子『ジェンダーと人権』日本評論社（二〇〇八年）
――『憲法とジェンダー』有斐閣（二〇〇九年）
――『比較憲法（新版）』岩波書店（二〇一一年）
青柳幸一『憲法における人間の尊厳』尚学社（二〇〇九年）
石井美智子『人工生殖の法律学』有斐閣（一九九四年）
江原由美子編『生殖技術とジェンダー』勁草書房（一九九六年）
神里彩子・成澤光編『生殖補助医療（生命倫理と法――基本資料集三）』信山社（二〇〇八年）
大野和基『代理出産――生殖ビジネスと命の尊厳』集英社（二〇〇九年）
金城清子『生命誕生をめぐるバイオエッシックス』日本評論社（一九九八年）

谷口真由美『リプロダクティブ・ライツとリプロダクティブ・ヘルス』信山社（二〇〇七年）
樋口範雄・土屋裕子編『生命倫理と法』弘文堂（二〇〇五年）
町野朔ほか編『生殖補助医療と法』信山社（二〇一〇年）
米本昌平『バイオポリティックス』中央公論社（二〇〇六年）
リプロダクティヴ・ライツ法と政策センター編（房野桂訳）『リプロダクティヴ・ライツ——世界の法と政策』明石書店（二〇〇一年）

第5章

ジェンダー平等と多文化共生

■憲法から診た男女共同参画の課題

近代以降の法制度や人権論は、すべての人の普遍的人権を保障したかのような外見をとりつつ、実際には性差別や人種差別を内包していたことは、すでに、前章で検討しました。ここでは、このような近代法の本質と「ジェンダー法学」[*1]の展開をふまえて、日本の男女共同参画（ジェンダー平等）や多文化共生の課題を、憲法の視点から検討してゆきましょう。

＊1　ジェンダー法学の生成と展開については、辻村後掲『ジェンダーと法（第二版）』第一章参照。

一　近代法の本質とジェンダー法学の展開

1　ジェンダー法学の生成と展開

一七八九年のフランス人権宣言が「人《オム》＝男《オム》」の権利宣言に過ぎなかったことをオランプ・ドゥ・グージュが明らかにして以来、このような近代人権論や近代法の本質と限界が批判されてきました。オランプ・ドゥ・グージュについては第4章（八七頁）でもみましたが、従来のように彼女を第一波フェミニズム[*2]の先駆者として位置付けるだけでは不十分です。最近では、彼女がフランス革命前から奴隷解放の視点を明らかにし、「男女の社会契約の形式」と題する文書のなかで未婚の母や婚外子の権利を重視するなど、むしろラディカル・フェミニズムにも通じる独自の視点を出していたことから、第二波フェミニズムの先駆者としての位置づけも注目されます。

　その後、女性の権利は、一九世紀から二〇世紀後半にかけて諸国の法制によって認められてゆきますが、欧米では第二波フェミニズムの影響を受けて、一九七〇年代から、性差別問題を法理論的に解明する「フェミニズム法学（フェミニスト・ジュリスプルーデンス、Feminist Jurisprudence）」が盛んになりました。性差別の問題を法学理論的に解明することを課題とするこの学問領域は、アメリカをは

＊2　フェミニズムは、リベラル・フェミニズム、社会主義フェミニズムなどの第一波フェミニズム（一九世紀後半から二〇世紀中盤まで）から、ラディカル・フェミニズム、マルクス主義フェミニズム、ポストモダン・フェミニズム、エコロジカル・フェミニズムに分かれる第二波フェミニズムに展開してきました。これについても、辻村後掲『ジェンダーと法（第二版）』第一章参照。

じめとする諸国の大学で「女性と法」などの講座が開設され「女性法学」として認知されてきました。一九七八年創刊のハーバード大学 Women's Law Journal に続いて、多くの大学で一般の法学専門誌とは別に女性法学雑誌が刊行されました。

そこでは、形式的な男女平等（差別撤廃）の観点から見落とされてきた私的領域での人権侵害やドメスティック・ヴァイオレンス（DV）などの暴力、セクシュアル・ハラスメントに焦点があてられるようになり、従来から、社会の活動を公的領域と私的領域に区分して、女性を後者に閉じ込める「公私二元論」という考え方が批判されました。また、第一波フェミニズムのように男性と同等な女性の権利を要求して男女平等（差別撤廃）を重視する「平等アプローチ」から、しだいに、女性の人権や個人尊重を重視するいわゆる「権利アプローチ」への進展を認めることができます。

さらに、一九九〇年代以降は、女性差別撤廃や女性解放の視点を強調していた「フェミニズム法学」から、男女の社会的・文化的性差（ジェンダー）自体を問題にすることで広範な視点から性差に関わる課題を追究するジェンダー法学への進展が認められました。実際に、一九八〇年代後半から一九九〇年代にかけて大学の紀要なども「ジェンダーと法」というタイトルに変わってきました。例えば、一九八九年創刊のコロンビア大学の雑誌は、Columbia Journal of Gender and

Law と命名され、一九九三年以降のアメリカン大学、ミシガン大学、デューク大学のものも「ジェンダーと法」ジャーナルと銘打っています。[*3] こうして一九九〇年代からは、女性問題だけでなく男女の性差そのものを問題にするため、また、性差別を他の種々の差別との関係において論じるために、フェミニズム法学や女性法学にかえて、ジェンダー法学（Gender Law または Gender & Law）という用法が主流になってきたわけです。

こうしてジェンダー法学の意義や課題が明らかにされ、日本でも理論と実務の架橋をめざしてジェンダー法学会が二〇〇三年一二月に設立されました。また、二〇〇三年度から、世界最高水準の研究教育拠点の形成を目標とする文部科学省の二一世紀COEプログラムの一つとして、東北大学「男女共同参画時代の法と政策――ジェンダー法政策研究センター」[*4] が採択されました。

2　ジェンダー法学の理論的課題――学際融合領域研究の必要性

ところで、ジェンダーとは、これまで一般に、身体的・生物学的な性差・性別（セックス）と区別された、「社会的・文化的な性差・性別」のように定義されてきました。しかし最近では、このような二分論にも疑問が出されており、両者を含めた「性差・性別に関する観念・知識」（江原由美子[*5]）のように広く捉えられるようになってきました。いずれについても、理系分野と文系分野が共同研究する

＊3　これらのジャーナルのバックナンバーは、すべて、東北大学法学研究科「ジェンダー平等と多文化共生」研究センターに所蔵されています。http://www.law.tohoku.ac.jp/gemc.http://www.law.tohoku.ac.jp/gcoe

＊4　二一世紀COEの活動の成果は、ジェンダー法・政策研究叢書（全一二巻）などに示されています。http://www.law.tohoku.ac.jp/gelapoc,

＊5　江原「ジェンダーとは」第二東京弁護士会司法改革推進二弁本部ジェンダー部会司法におけるジェンダー問題諮問会議編『事例で学ぶ司法におけるジェンダー・バイアス』明石書店（二〇〇三年）一七頁以下参照。

必要が強調される問題であり、学際的研究が必要になる分野であることを改めて指摘しておきます。

すなわち、生物学的カテゴリーとしてのセックスは、遺伝子（性染色体）、性腺ホルモン、内性器、外性器、脳、性行動などが重層的に影響しあって、「性に関するアイデンティティ」を形成しています。最近では生物学的研究によって、性自認のレヴェルで、生物学的性差と一致しない例なども明らかになっています。人類遺伝学の進展によって、人間の性別を男女に二分すること自体が問題だということも分かってきており、性同一性症候群についても、世間でかなり知られるようになってきました。性転換手術なども行われていますが、精神分析学や心理学等の分野と生物学領域が学際的に共同研究[*6]することが必要になっています。

また、生物学や医学だけでなく、薬学や行動科学、心理学、スポーツ学なども関係しています。個体差があることを勘案しつつも、性差がどのようなもので、どのように社会的・文化的要素があるかを明らかにすることは、なおも今後の課題であり続けています。また、社会の設計上、建築学や環境工学等の知見を集めながら、災害時の救済の在り方とジェンダーなどを考えることも必要かもしれません。

このように、ジェンダーや男女共同参画をめぐる研究は、これからも多くの局面・領域からの融合的研究が求められる新しい分野ということができます。

＊6　文系・理系の共同研究の成果として、辻村編後掲『ジェンダーの基礎理論と法』、日本学術会議編後掲『性差とは何か』参照。

憲法学においても、従来のフェミニズム人権論のように、「男性並み平等論」や「女性の人権」の確保をめざす議論ではなく、性差そのものを問題とする、ジェンダーの視点に立った人権論としての「ジェンダー人権論」[*7]の確立が重要であると考えています。

以下では、まず日本の男女共同参画の現状と課題について検討することにしましょう。なお、男女共同参画は、英語では Gender Equality と表記されているため、本書では「ジェンダー平等」の語と同義に用いておきます。

二　日本における男女共同参画の取組みと現状

1　男女共同参画社会基本法の意義

日本では、一九九九年に男女共同参画社会基本法（Basic Law for a Gender-equal Society）が制定・施行されたことが重要な意義をもちました。その前文では、男女共同参画社会の形成が「二一世紀我が国社会を決定する最重要課題」であると位置づけて、積極的な取り組みが開始されました。男女共同参画社会[*8]とは、「男女が、社会の対等な構成員として、自らの意思によって社会のあらゆる分野における活動に参画する機会が確保され、もって男女が均等に政治的、経済的、社会的及び文化的利益を享受することができ、かつ、共に責任を担うべき社会」（第

＊7　「ジェンダー人権論」の詳細は、辻村後掲『ジェンダーと人権』序章、『憲法とジェンダー』二章参照。

＊8　基本法では、「男女が、互いにその人権を尊重しつつ責任も分かちあい、性別にかかわりなく、その個性と能力を十分に発揮することができる」社会（前文）、「男女の人権が尊重され、かつ、社会経済情勢の変化に対応できる豊かで活力ある社会」（一条）と表現されています。

二条）のことです。ここでは、男女の人権尊重の考えに基づいて、社会の制度・慣行上での固定的役割分業の変革によるジェンダーからの解放がめざされているといえます。

この基本法のもとで、ナショナル・マシーナリー（国内推進本部機構）としての内閣府男女共同参画局と男女共同参画会議のほか、各地方自治体の男女共同参画課や各大学等の男女共同参画委員会などが設置されて、積極的な取り組みが続けられてきました。立法の面でも、男女共同参画会議下に設置された「女性に対する暴力に関する専門調査委員会」が検討を続けて、「配偶者からの暴力の防止及び被害者の保護に関する法律」（DV防止法）が二〇〇一年四月に制定・公布され、二〇〇四年、二〇〇七年に改正[*9]されました。

仕事と子育ての両立支援策に関する専門調査会の活動の成果は、二〇〇一年公布（翌年四月施行）の育児休業・介護休業法等に関する法改正や公務員・裁判官の育児休業等に関する法律制定につながりました。

このほか、第**3**章でもみたように、地方でも、自治体ごとに男女共同参画推進条例が制定され、二〇一〇年四月一日現在、都道府県では四六（制定率九七・九％）、政令指定都市では一八（制定率一〇〇％）、市町村では四五九（制定率二六・二％）となっています。[*10]その多くは埼玉県・東京都などの先行の条例を参考に制定されたことが伺えますが、時間の経過と共に次第に内容が進化し、日本の津々

＊9　現行法一条では、配偶者（真実婚も含む）からの暴力とは、「配偶者からの身体に対する暴力……又はこれに準ずる心身に有害な影響を及ぼす言動」と定義されています。その詳細については、辻村後掲『ジェンダーと法（第二版）』第一一章で詳しく説明しています。条文は、内閣府男女共同参画局のウェブサイト、同書巻末資料もしくは、後掲『ジェンダー六法』参照。

＊10　内閣府男女共同参画局「地方公共団体における男女共同参画社会の形成又は女性に関する施策の推進状況（平成二二年度）」（二〇一一年一月）一二一一三頁参照。

浦々まで男女共同参画の考え方を浸透させることに役立ってきました。

2　基本法から一〇年後の現実

しかしながら、これらの積極的な取り組みにも拘わらず、世界の状況と比較してみれば、日本の現状はなお不十分です。社会全体で、固定的な役割分業意識がなお強いことや、政治・経済領域の政策・方針決定過程において女性の参画に限界があることから、ジェンダー・エンパワーメント指数[*11]（GEM）も一〇九カ国中、五七位（二〇〇九年度）にとどまっています。また、世界経済フォーラムのジェンダー・ギャップ指数（GGI）[*12]も、日本は一〇一位（二〇〇九年度）にすぎません。

とくに、政治分野については、遅れが目立っています。衆議院の女性議員率が二〇〇九年にはじめて二桁の一一・三％になったとはいえ、世界的に見れば一八八カ国中一二五位（二〇一一年一月末現在）という現実があります。

日本は両院合わせても女性議員比率は一三・六％で、世界の平均（一八・九％）やアジアの平均（一八・五％）に及ばないのですが、アラブ諸国も徐々に増加していますので、日本の女性の政治参画状況は先進国としては異常に低調であることが分かります（政治参画の問題は、第**6**章で扱います）。

＊11　国連人間開発計画（UNDP）が発表した指数で、日本は人間開発指数は世界第一〇位にありながら、GEMでは、先進国では最下位の位置にあります。『男女共同参画白書（平成二二年版）』五六頁参照。

＊12　経済・教育・健康・政治の四つの指標からなっており、日本は、政治・経済の分野が著しく低いことが分かります。後掲『男女共同参画白書（平成二二年版）』一〇頁参照。

3　M字型カーブと賃金格差

一般には、男女共同参画の考えについての誤解（男女共同参画は専業主婦を否定するものである等）から、性別役割分担論見直しやM字型カーブ解消に反対する意見があるのも事実です。しかし、国際的にみて、多くの先進諸国では労働力率のグラフは台形に移行しているのに対して、日本ではまだM字型から脱却できない状態が特徴的であることも、直視しておかなければなりません。

とくに一九六〇年代からの高度経済成長に伴う女性の労働市場への進出と核家族化によって、日本の経済構造を支える社会全体の分業論を基礎として、性別役割分業の固定化が進みました。女性は専業主婦という名の無賃労働者として家事労働（アンペイド・ワーク）に縛りつけられ、「男は外、女は内」の社会的分業が女性のフルタイマーとしての職場進出を拒み、税制上の配偶者控除に枠づけられたパート労働として家事労働との両立を促したにとどまりました。さらに、高齢化社会対策としての「在宅福祉」政策により、育児終了後の女性に老人介護が待ち受けていることが通例になったのです。

このような社会全体の性別役割分業の結果、労働場面では、いわゆるM字型労働が維持されてきました（図表5－1参照）。

これは、女性が結婚や出産によって退職するために、三〇歳台前半の女性の労働力率がさがってM字型になるもので、男性は、台形もしくはU－カーブです。

欧米では、一九七〇年代から、だいたいUカーブになりましたが、日本や韓国では、まだM字型になっています。

その結果、労働の現場では、男性の平均給与を一〇〇とした場合の、女性の平均給与は、六九・八％しかなく、諸外国と比べても、相当低くなっています（二〇〇九年度の所定内給与額比率。労働省賃金構造基本統計調査による）。国際的に見ると、フィリピンが九六・六％であるほか、スウェーデン八八・四％などヨーロッパやオーストラリアではだいたい九〇％程度です。フランスは、八六・六ですが、一三％も格差があることは許されない、ということで、前のシラク大統領が五年以内に格差を無く

図表５－１　女性の年齢階級別労働律（国際比較）

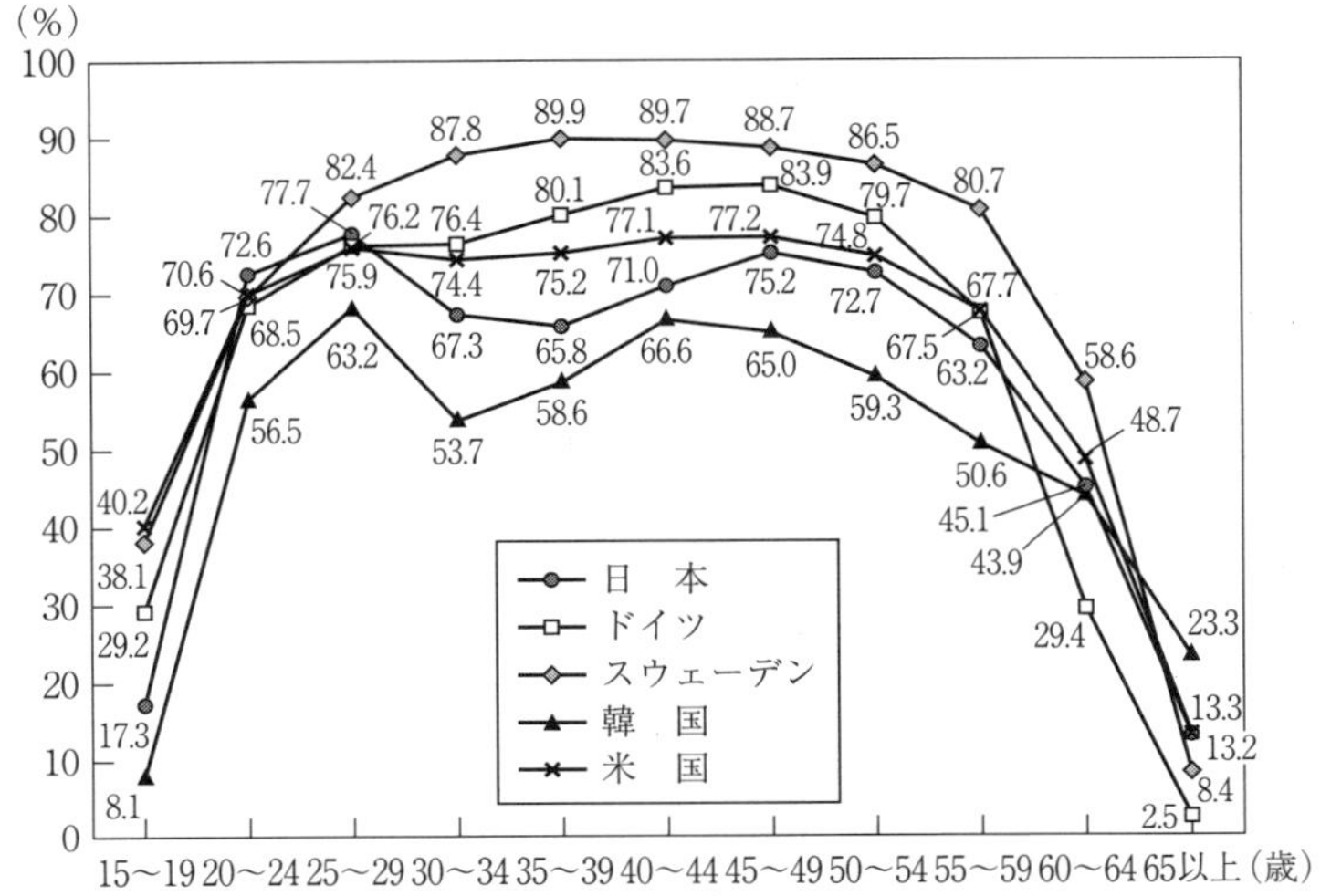

（備考）１．「労働力率」…15歳以上人口に占める労働人口（就業者＋完全失業者）の場合。
２．米国の「15～19歳」は，16から19歳。
３．日本は総務省「労働力調査（章再集計）」（平成21年），その他の国はILO「LABORSTA」より作成。
４．日本は平成21年（2009年），韓国は平成19年（2007年），その他の国は平成20年（2008年）時点の数値。

（出典）内閣府『男女共同参画白書（平成22年版）』８頁。

すための給与平等法を制定することを宣言したりして、大変な議論がありました。日本では、とくにパート労働者の賃金が男性一般労働者四九・一%と、半分以下ですので、大きな格差です。[*13]

4 性別役割分業と家庭内の平等

さらに家庭内でも、夫婦の同権についてステレオタイプの伝統の影響が残存しているだけでなく、性別役割分担についても、国民の半数が「夫は外で働き、妻は家庭をまもるべき」という考えに、賛成もしくはどちらかというと賛成、という回答をしています。

日本では、全体の賛成比率は二〇〇九年度でも四一・三%、男性は四五・九%、女性は三七・三%です。[*14] これに対して、国際比較では、二〇〇二年度の段階でも、例えば、スウェーデンでは、賛成は、賛成とどちらかといえば賛成を合わせた比率は、女性四・〇%、男性でも八・九%、韓国でも、以前は比率が高かったのですが、ここでは、女性の賛成一三・二%、男性二〇・二%になっています。[*15] この考えが反映された結果、あるいは、企業における長時間労働の結果かもしれませんが、日本では、男性の家事・育児時間が極度に短くなっており、共働き世帯の夫で一日に三〇分、片働き・専業主婦の世帯で三九分となっています。[*16]

また、日本では、民法上、夫婦いずれかの氏を選択できる制度にも拘わらず、

＊13 『男女共同参画白書（平成二二年版）』六五〜六六頁参照。外国の数値は同白書（平成一九年版）第一－特－15図参照。

＊14 「男女共同参画社会に関する世論調査（平成二一年一〇月）」による。辻村後掲『ジェンダーと法（第二版）』一六九頁参照。

＊15 『男女共同参画白書（平成一九年版）』第一－特－2図参照

＊16 『男女共同参画白書（平成二一年版）』七五頁参照。

殆どすべてのカップルで女性が氏をかえている、などの現実もあります。改姓率九六％という数字は、女性の氏名権を自覚的・無自覚的に放棄させてきた現状の異常さを露呈しているともいえます。これは、婚姻時に一方が必ず氏をかえなければならない制度自体が、氏を使い続ける権利を侵害していると考えられます。このような夫婦同氏制[*17]による一体性の強制によって、家族の制度が維持されているのですが、ここには男性の戸主（夫）による代表と妻の従属という近代型家族の本質がまだ残っているといえるでしょう。

＊17　民法七五〇条の問題については、本書七六頁、一二七頁参照。

三　第三次男女共同参画基本計画の実施のために

これまで概観したとおり、現状では、政治・経済・家庭のいずれをとってみても、日本の男女共同参画は不十分であり、多くの課題があります。

このため、二〇一〇年一二月に閣議決定された第三次男女共同参画基本計画[*18]では、基本法一〇年間の成果と反省点を総括したうえで、実効性のある計画をめざしてポジティヴ・アクションを重視するとともに、男性や子ども、高齢者、外国人にとっての男女共同参画など、広範な視座に立った施策を盛り込んでいます。ここでは、国会議員における女性の参画の拡大のために「各政党に対して、インセンティブの付与、具体的な数値目標の設定、候補者の数値目標の設定、候補者

＊18　内閣府男女共同参画局 http://www.gender.go.jp 参照。

の一定割合を女性に割り当てるクオータ制の導入などを検討するよう要請する」（八頁参照）と明記されています。ポジティヴ・アクションは、政治分野だけでなく、雇用分野や学術分野[*19]でも非常に大きな効力を発揮する措置ですので、これが実現できるかどうかが、今後の男女共同参画実現のカギを握っていると言えるでしょう（政治分野のポジティヴ・アクションについては、第**6**章で検討します）。

このほか、第三次基本計画では、女性の貧困や経済問題などを重視しています。外国人女性や性的マイノリティの権利など、これまで明示されることのなかった課題も提起されていますので、ジェンダー平等と多文化共生という広い視点に立って、新しい男女共同参画社会の形成に向かって、この第三次基本計画を実施してゆくことが重要になってきます。多文化共生の視点については、後に見ることにしますが、その前に、理論的課題を明らかにしておきます。

四　理論的諸課題——憲法の平等原則との関係

第一に、現行法の中には、憲法一四条や二四条[*20]で保障された男女平等（性差別禁止）原則に抵触すると考えられる法律や制度も少なくありません。男系男子主義を墨守している皇室典範のほか、婚姻・離婚に関する民法の規定などがその例です。このうち、すでにみた民法七三三条[*21]の規定は、「父性の推定の重複を回避

＊19　学術分野については、辻村後掲『ジェンダーと法（第二版）』第一五章参照。

＊20　本書第**3**章七一頁以下参照。

＊21　本書第**3**章七六頁以下参照。

する目的」のために、妊娠していない女性や高齢者についても例外なく、一律に六ヶ月間再婚を禁止するものです。最高裁判決も、国家賠償法に基づいて立法府の不作為を請求する訴訟の判決において、同法上の違法性をもっぱら問題にした結果、憲法の文言に一義的に反するとはいえないとして原告の違憲の主張を斥けています。家族法学者の中にも、立法裁量を重視する立場から嫡出推定制度を前提として合憲だと解する見解も有力のようですが、DNA鑑定による親子関係の診断や妊娠の有無についての診断が容易になり、合計特殊出生率[*22]が一・二六（二〇〇五年度）まで下がった現状において、あたかもすべての女性が常に妊娠しているかのような前提に立った旧来の規定には、疑問を呈する人が多いと思われます。憲法学的にも、妊娠していないことが証明できる場合にも例外なく一律に不利益を課しているこの規定は、除外規定を置いていない点において、憲法一四条、二四条さらに（女性のみならず相手の男性の）婚姻の自由を定めた一三条違反ということができると考えています。

第二に、法律上は形式的に性に中立的な規定・原則のもとにありながら、実際には、男女間に著しい不均衡が生じているという問題が数多く存在します。婚姻時に妻または夫の氏を選択することを定める民法七五〇条[*23]では、規定は性中立的であるのに対して、現実には九六％の夫婦が夫の氏を選択しており、夫婦同氏原則自体の問題性も指摘されます。すでにみた政治参画の面でも、選挙権・被選挙

＊22　女性が一生のうちに出産する子の数を意味する。アジアやヨーロッパでも低下傾向にありますが、フランスやスウェーデンでは、手厚い家族手当等のおかげで、回復傾向にあります。辻村後掲『ジェンダーと法（第二版）』一六七頁のグラフ参照。

＊23　本書第3章七六頁以下参照。

権（立候補権）は男女同等に認められているにもかかわらず、国会議員や立候補者の女性比率はきわめて低く、衆議院の女性議員率が低い現実があります。これらの例は、この類型に属します。

　第三に、私人間の雇用契約上の差別的取扱い、あるいは司法・裁判過程の運用のレヴェルにまで視野を拡げれば、ジェンダー・バイアスに根ざした差別的扱いが数限りなく存在することがわかります。年齢や雇用形態（一般職・総合職の別）などを介在させた間接差別の問題[*24]も、憲法の平等規定を私人間に適用する際の間接適用[*25]（憲法が国家対個人の関係を規律することから、私人間については、私法の一般原則である「（民法九〇条の）公序良俗[*26]」観念等を介して当否を決する方法）の妥当性など、困難な理論的課題と結びついています。

　例えば、交通事故で死亡した女児の「逸失利益[*27]」を算出する際に、男性の六九%程度しかない女性の平均賃金を基礎に将来の収入額を計算することで、男児の損害賠償額よりも女児のそれを相当低くする判例・実務が問題になります。これなども、社会的に形成されたジェンダーに根ざした実質的な差別の例と言えます。二〇〇一年八月二〇日の東京高裁判決でようやく全労働者の平均賃金を基準とすべきだという判断が示されましたが、これまで長く女児の逸失利益を男児より低く計算してきたこと自体を問題にすべきであり、さらにこの判決後も、旧来の基準を採用している判決が多いことは問題であるといえるでしょう。

＊24　外見上は性中立的な規定等が、一方の性の構成員に対して不利益を与えるような間接的な差別を指す。欧米のみならず、日本でも、二〇〇六年の男女雇用機会均等法改正時に間接差別禁止の法理について言及された。辻村後掲『憲法とジェンダー』一三七頁以下参照。

＊25　辻村後掲『憲法（第三版）』一五八頁以下参照。

＊26　第九〇条は「公の秩序又は善良な風俗に反する事項を目的とする法律行為は無効である。」と定めています。

＊27　もし生存していたら得たであろう利益（うべかりし利益）や所得などのこと。辻村後掲『ジェンダーと法（第二版）』九八頁参照。

さらには、捜査や裁判の過程で認められるセカンド・レイプ（レイプの被害女性を男性捜査官等の無理解が傷つける現象）や貞操観念のダブル・スタンダード（女性により強い貞操を求める二重基準）なども、批判的に検討されなければなりません。その背景には、司法分野の女性比率[*28]が、裁判官一六・〇％、検察官一二・九％、弁護士一五・四％（二〇〇九年度）にとどまっているというジェンダー・アンバランスが関係していることも事実でしょう。法学部・法科大学院・司法研修所等の教員などの人的構成にもかなりの偏りがみられることも、法学・司法界のジェンダー・バイアスに大きな影響を与えてきたことは否定できないと思われます。

以上のような法律や司法におけるジェンダー・バイアスの問題は、早急に検討し改善しなければならない問題です。そこで、これらの隠れたジェンダー・バイアスを発見して批判的に検討し、男女共同参画や両性の人権確立という視点からこれを理論化するジェンダー法学や「ジェンダー憲法学」「ジェンダー人権論」の役割が、今後はますます重要になると考えています。

とくに、理論的には、一四条の実質的平等実現のためにポジティヴ・アクションを許容できるのか、選挙や代表の論理との関係でクォータ制は合憲なのか、という問題がありますが、これについては、次の第6章で検討することにします。

＊28　『男女共同参画白書（平成二二年版）』五三頁参照。

五　まとめ――男女共同参画と多文化共生をつなぐ視点

さらにグローバル化が進んだ今日では、ジェンダーの視点をより広範な多文化共生の視点へと拡大してゆく必要があります。男女共同参画社会の実現は、それ自体きわめて重要な目的ですが、ジェンダーの視点だけで解決できない問題が含まれていることも事実です。そこで東北大学グローバルＣＯＥ[*29]では、「グローバル時代の男女共同参画と多文化共生」というテーマを掲げました。

昨今では、高齢化社会のなかでの高齢女性の問題、介護の問題や、非正規雇用など雇用に関わる問題などがありますが、いずれも、性別と年齢、階層、学歴など多くの要素が複合的にからみあっています。複合差別の問題として捉えてもいいかと思います。もともと「ジェンダーは、『民族や文化・人種・エスニシティ、階級、年齢、障害の有無などによって』多様な形態をとることが知られて」おり、ゆえに、「ジェンダーに敏感な視点」とは、「単に人間という種における男女という生物学的性別に配慮するだけではなく、『民族や文化・人種・エスニシティ、階級、年齢、障害の有無などによって多様性を持つ性別＝ジェンダー』に十分配慮する視点を、いう[*30]」と指摘されています。このようにジェンダーの「形態」や「ジェンダーに敏感な視点」自体に、多文化共生の要素が内包されているとすれ

＊29　グローバルＣＯＥウェブサイト http://www.law.tohoku.ac.jp/gemc を参照。

＊30　江原由美子「はしがき」日本学術会議編後掲『性差とは何か』七頁参照。

ば、「男女共同参画（ジェンダー平等）と多文化共生」を融合しようとする私たちのグローバルＣＯＥの複眼的な視点ないし試みは、それ自体必然的なものといえるでしょう。

実際、世界で一三億人を占める貧困層の七〇％が女性であること、中国の農村やインドのＤＶ、トラフィッキングによる女性の人権侵害など、多くの課題が世界的に存在しています。グローバリゼーションが公私の領域における新たな議論を提供し、これに対抗する議論や運動もグローバル化している時代にあっては、男女共同参画と多文化共生ともつなぐ広範な視点を持って、国際的な人権保障や人間の尊厳という基本原則を発展させてゆくことが望まれているといえます。そこで、具体例として、私たちの研究プロジェクトでは、ジェンダー平等と宗教・文化の問題が交錯するイスラムのスカーフ問題等を取り上げました。[*31] フランスでは、二〇〇四年三月に公教育の場でのスカーフ着用を禁止する法律ができましたが、ここでは、女性にスカーフを強要するイスラムの教義が女性に対する性差別を生んでいることから、女性解放という視点からスカーフの禁止論が展開されました。こうしてイスラム女性の解放を要求する論理から、禁止論によってイスラム女性の人権を侵害するというパラドックスが示されたわけです。その後、フランスでは、サルコジ大統領の指示によって、ブルカやニカーブなど、全体を覆うものの公共の場所での着用を禁止する法律が二〇一〇年九月に制定され、現在も

＊31　スカーフ問題については、辻村後掲『憲法とジェンダー』第三章参照。

大きな議論になっています。

これらの問題を含めて、男女共同参画と多文化共生をめぐる問題について、二〇〇九年八月の「国際セミナー二〇〇九」などで議論し、その成果を『多文化共生社会のジェンダー平等』として二〇一〇年三月に出版しました。副題も「複合差別を超えて」という形にして、両方にまたがる形で問題提起することができたと思っています。

今後は、理論的な課題を明らかにしてジェンダー法学研究を既存の法学領域に浸透させ、すべての社会科学領域や学術分野全体でジェンダーの主流化を実践することが必要であると考えています。さらに、これらの成果を政策に還元することも重要な課題です。例えば、ジェンダー法学が試みてきた研究と実務の架橋、COEプログラムが目標としてきた研究と教育、さらには、研究成果の政策への還元、市民運動との連携などが必要となりますので、研究・教育・実務・行政・市民運動という五者の連携のためのネットワーク作りも重要であることを痛感しております。

〔**参考文献**〕

辻村みよ子『ジェンダーと法（第二版）』不磨書房（二〇一〇年）

――『憲法とジェンダー』有斐閣（二〇〇九年）

――『ジェンダーと人権』日本評論社（二〇〇八年）

辻村みよ子・稲葉馨編『日本の男女共同参画政策（東北大学二一世紀COEジェンダー法・政策研究叢書第二巻）』東北大学出版会（二〇〇五年）
辻村みよ子編『ジェンダーの基礎理論と法（二一世紀COEジェンダー法・政策研叢書第一〇巻）』東北大学出版会（二〇〇七年）
辻村みよ子・大沢真理編『多文化共生社会のジェンダー平等——複合差別を超えて』東北大学出版会（二〇一〇年）
国際女性の地位協会編（山下泰子・辻村みよ子・浅倉むつ子・戒能民江編集委員）『コンメンタール女性差別撤廃条約』尚学社（二〇一〇年）
ジェンダー法学会編『ジェンダーと法』一一七号日本加除出版（二〇〇四—二〇一〇年）
第二東京弁護士会　両性の平等に関する委員会編『（事例で学ぶ）司法におけるジェンダー・バイアス（改訂版）』明石書店（二〇〇九年）
独立行政法人国立女性教育会館『男女共同参画　統計データブック——日本の女性と男性二〇〇九』ぎょうせい（二〇〇九年）
内閣府男女共同参画局編『男女共同参画白書（平成二二年版）』（二〇一〇年）
内閣府「第三次男女共同参画基本計画」（二〇一〇年）
日本学術会議編『性差とは何か——ジェンダー研究と生物学の対話』日本学術協力財団（二〇〇八年）
坂東眞理子『日本の女性政策——男女共同参画社会と少子化政策のゆくえ』ミネルヴァ書房（二〇〇九年）
フランシス・オルセン（寺尾美子編訳）『法の性別——近代法公私二元論を超えて』東京大学出版会（二〇〇九年）
山下泰子・辻村みよ子・浅倉むつ子・二宮周平・戒能民江編『ジェンダー六法』信山社（二〇一一年）

第6章

政治分野のポジティヴ・アクション

■クオータ制の合憲性をめぐって

日本では、政治・行政分野など政策・方針決定過程において、男女間に大きな不均衡が存在しています。例えば世界の女性国会議員率の平均は一九・二％（二〇一一年一月末現在）であるのに対して、日本の両院の女性議員率は一三・六％、下院は一一・三％に留まっていることは、すでに前章でも指摘しました。また、このような不均衡を改善するため、今日では、多くの諸国で、クオータ制などの積極的改善措置（ポジティヴ・アクション）の導入に取り組んでいます。実際に目に見える成果を挙げている国も多く、女性下院議員率の上位三〇カ国の半数以上を発展途上国が占めるようになったことも、その有効性を物語っています。

日本でも第二次男女共同参画基本計画（二〇〇五年一二月）のもとで積極的改善

措置を採用して政策・方針決定過程への男女共同参画をいっそう促進することが求められてきました。しかし残念ながら、その具体的施策も効果もいまだ十分ではありませんでした。このため、二〇一〇年一二月に閣議決定された第三次基本計画では、クオータ制を含めた有効適切なポジティヴ・アクションの実施が求められています。

そこで、以下では、ポジティヴ・アクションの態様や諸国の実態をふまえたうえで、政治分野におけるポジティヴ・アクション（とりわけクオータ制）の問題を検討します。ここでは憲法学の観点から、おもにクオータ制の合憲性の問題について検討し、その上で日本の選挙制度の具体的改革案を提示することにしたいと思います。

一　世界の女性国会議員

まず世界の女性国会議員比率についてみておきましょう。ＩＰＵ調査結果では、全世界の議会の女性議員は二〇一一年一月末現在八六七四人、一九・二％（両院）です。地域別平均（下院・一院）では、北欧諸国四一・六％欧州諸国二一・九％（両院二一・四％）、米諸国二二・四％（両院二二・六％）、アラブ諸国一一・五％（両院一一・七％）、アジア諸国：一八・三％（上院：一五・三％）（両院：一八・

〇%）です。

また、世界の女性議員ランキングでは、（IPU調査[*1]、二〇一一年一月末現在、下院または一院）で三〇%以上を占める上位二五カ国は、**図表6－1**のとおりです。

このうち、いわゆる発展途上国が一二カ国（一五割）を占め、その他は欧州一二カ国とオセアニア一カ国です。選挙制度との関係では、④キューバと⑯タンザニア、㉕ウガンダが小選挙区制（M）のもとで議席割当制をとり、⑱ニュージーランドと⑳ドイツが混合型（小選挙区比例代表併用制）を採用するほかは、大多数（二〇カ国）で比例代表制（PR）のもとで候補者名簿の割当制を採用しています。

このことから、比例代表制が女性議員比率向上に有効であることが窺えます。

図表6－1　女性議員の占める割合（下院，2011年1月31日現在，IPU調査）

1	ルワンダ	56.3%
2	スウェーデン	45.0%
3	南アフリカ	44.5%
4	キューバ	43.2%
5	アイスランド	42.9%
6	オランダ	40.7%
7	フィンランド	40.0%
8	ノルウェー	39.6%
9	ベルギー	39.3%
10	モザンビーク	39.2%
11	アンゴラ	38.6%
12	コスタリカ	38.6%
13	アルゼンチン	38.5%
14	デンマーク	38.0%
15	スペイン	36.6%
16	タンザニア	36.0%
17	アンドラ	35.7%
18	ニュージーランド	33.6%
19	ネパール	33.2%
20	ドイツ	32.8%
21	マケドニア	32.5%
22	エクアドル	32.2%
23	ブルンジ	32.1%
24	ベラルーシ	31.8%
25	ウガンダ	31.5%
⋮	⋮	⋮
60	イギリス	22.0%
77	フランス	18.9%
89	アメリカ	16.8%
100	韓　国	14.7%
125	日　本	11.3%

＊1　IPU（Inter-Parliamentary Union 列国議員同盟）http://www.ipu.org/wmn-e/world.htm（IPUの一覧表は同率の国を一つに数えているため**図表6－1**とは順位が異なっています。）

また、法的クオータ制（X型）と政党による自発的クオータ制（Y型）の区別では、①ルワンダ、⑨ベルギー、⑪アンゴラ、⑫コスタリカ、⑬アルゼンチン、⑮スペイン、⑯タンザニア、⑲ネパール、㉑マケドニア、㉒エクアドル、㉓ブルンジ、㉕ウガンダの計一二カ国が法的クオータ制（X型）を採用しています。また②スウェーデン、③南アフリカ、⑤アイスランド、⑥オランダ、⑧ノルウェー、⑩モザンビーク、⑲ドイツの七カ国が政党の自発的クオータ制（Y型）を採用しています。選挙制度とクオータ制の類型を総合すると、上記二五カ国のうち、九カ国がX／PR型、六カ国がY／PR型、三カ国がX／M型です。

世界全体でみると、X型が五六カ国、Y型が五四カ国で、憲法でクオータ制を定めている国が一八カ国（アフガニスタン、アルゼンチン、イラク、ネパール、ルワンダ、タンザニア、ウガンダなど）、選挙法で定めている国が五二カ国（ベルギー、コスタリカ、スペイン、韓国、フィリピンなど）、政党の規約等で導入している国が五四カ国であることがIDEA[*2]という国際機関の調査によって明らかにされています。これらのクオータ制の種類等については、のちにみますが、世界の一一〇カ国以上（重複を除く）導入されていることが注目されます。

＊2　International IDEA http：//www. Idea. int /gender/quotas.cfm（二〇一一年二月現在）詳細は辻村後掲「政治参画と代表制論の再構築」参照。

二　日本の状況

1　日本の選挙と女性議員

(1)　有権者率・投票率・立候補率

日本の従来の選挙では、①有権者数は、一九四六年以降一貫して女性のほうが比率は高く、②投票率でも、衆議院議員選挙では一九六九年以降一貫して女性のほうが比率は高いことが分かります。参議院議員選挙でも、一九六八年以降、一九九五年と二〇〇四年を除いて、女性の投票率のほうが高いのですが、これに対して、③立候補率は、二〇〇九年八月衆議院議員選挙では、女性一六・七％、二〇一〇年七月の参議院選挙では、女性二二・八％です（図表6－2、6－3参照）。

(2)　国会議員・地方議会議員率

①衆議院の女性議員比率は、大選挙区制で実施された第一回には三九名当選したのですが、その後長く一－二％に低迷しました。候補者率が一〇％をこえた一九九六年頃から増加していますが、これは一九九四年法改正によって、小選挙区・比例代表並立

図表6－2　衆議院議員総選挙立候補者，当選者に占める女性割合の推移

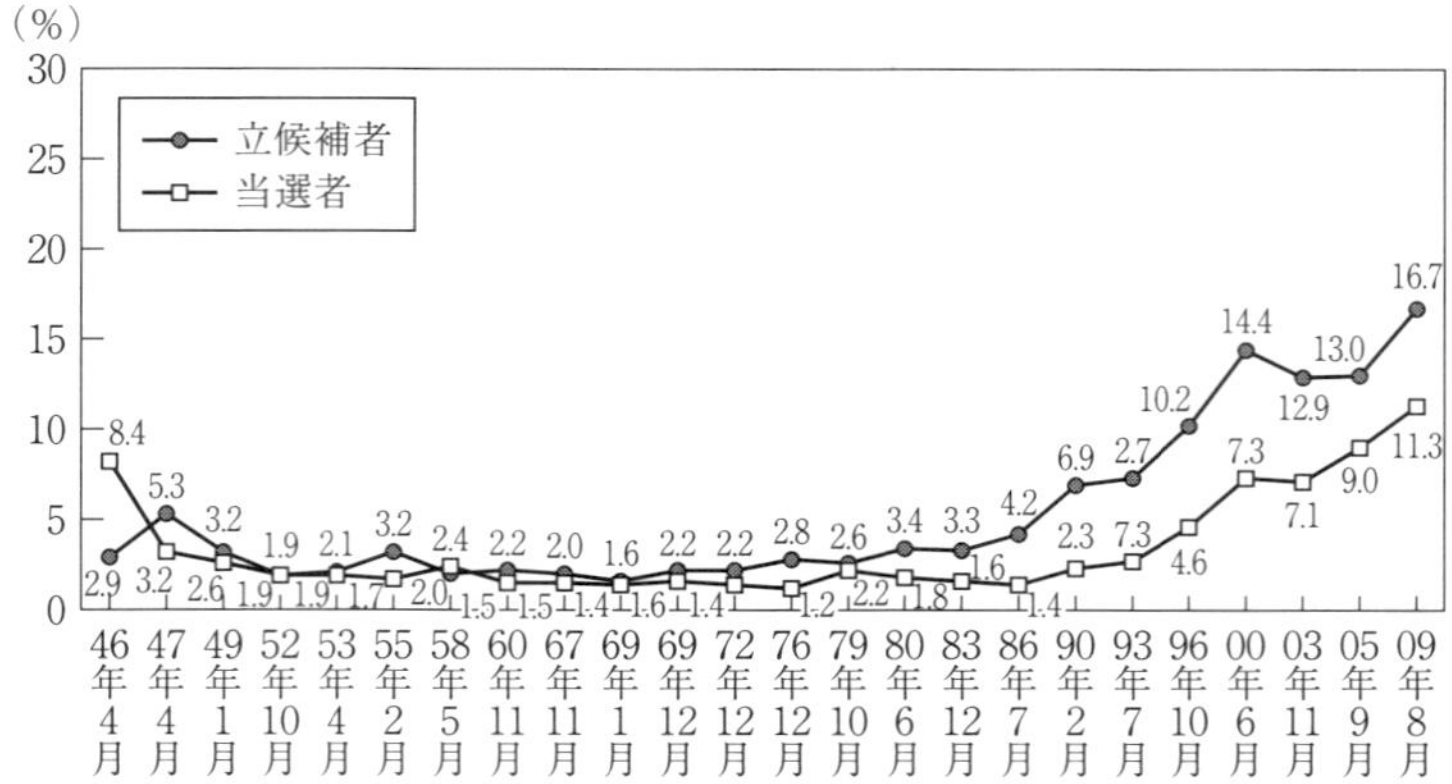

（備考）総務省資料より作成。
（出典）『男女共同参画白書（平成22年版）』47頁をもとに作成。

制になって、比例代表が採用された結果ともいえます。

二〇〇五年九月選挙で、九％代にふえ、さらに二〇〇九年八月三〇日の選挙で民主党が圧勝し、女性議員も四八〇人中五四人当選して、一一・三％になったのも、ご承知のとおりです。

②参議院の女性議員比率は、二〇一〇年七月選挙後一八・二％（二四二人中四四人）［七五カ国中三六位］です。参議院も、一九八二年法改正で、拘束式比例代表制が導入され、一九八六年から、候補者率があがっています。その後、マドンナブームといわれた一九八〇年代後半から、かなり上昇しています。しかし、二〇〇〇年の法改正で、非拘束名簿式比例代表制が採用されたのちは、多少とも下がりました。いずれにしても、選挙制度との間に密接な関係があり、地盤・看板（知名度）・カバン（財源）の点で男性のほうが、強みがあるため、小選挙区制は女性に不利で、さらに、比例代表制でも、拘束名簿式のほうが女性に有利と考えられます。

(3) 地方議員比率　地方議会では、生活に密着している

図表６－３　参議院議員通常選挙立候補者，当選者に占める女性割合の推移

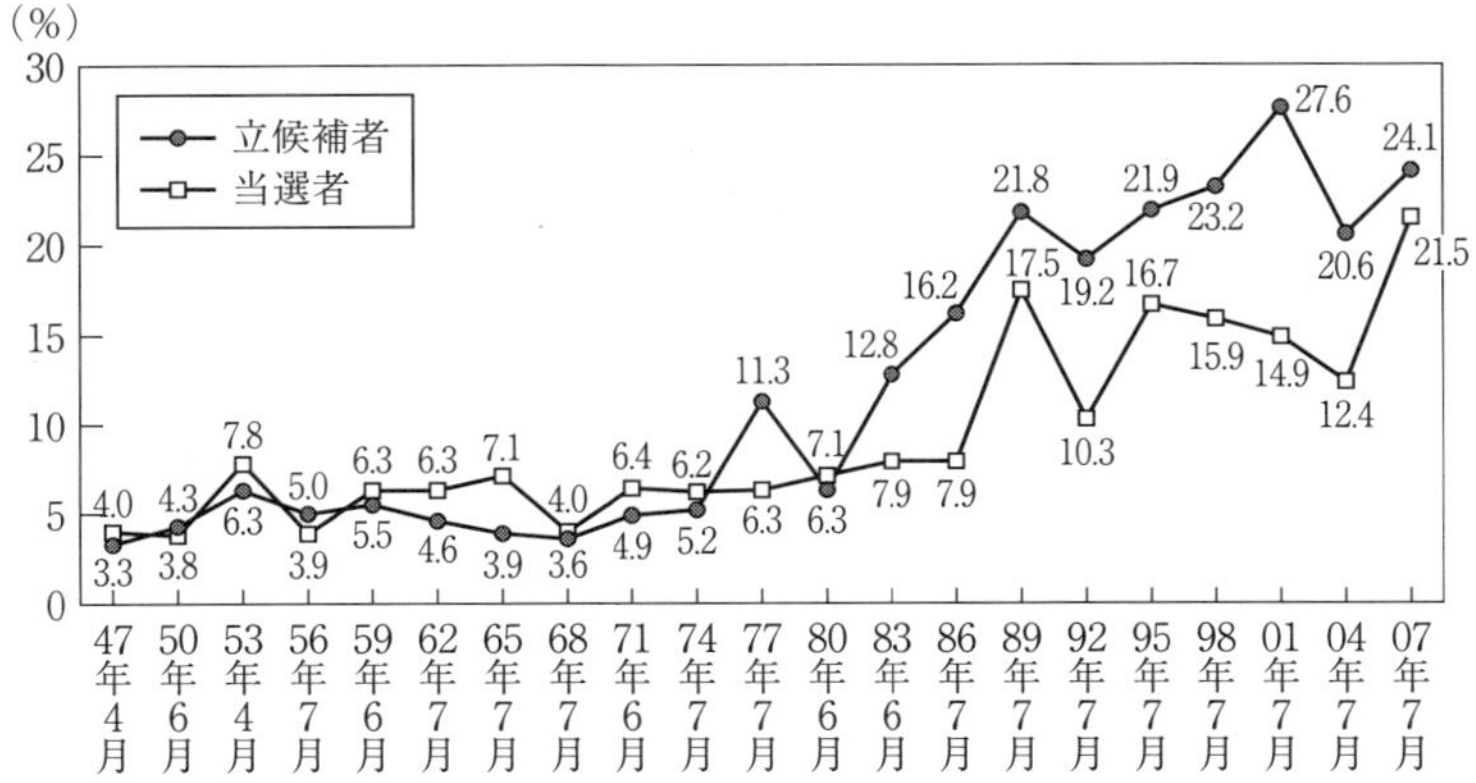

（備考）総務省資料より作成。
（出典）『男女共同参画白書（平成22年版）』47頁をもとに作成。

にもかかわらず、女性議員率が低いことが問題となります。二〇〇九年年一二月現在では、県議会の女性議員比率八・一%、市議会一二・四%、町村議会八・一%、特別区二四・八%、全体平均一〇・九%です。[*3] 市町村議会で比率が低いことは、男女共同参画が日本の津々浦々に浸透することが極めて困難であることを示しています。

このように、生活に身近な地方で政治参画が遅れている理由について、結論を先取りして言えば、背景には、社会的・文化的に形成された性差（ジェンダー）についての固定観念・偏見（ジェンダー・バイアス）や固定的な性別役割分業意識・構造があります。政治は男性のもの、女性は政治にむかない、という固定観念や特性論に基礎付けられた選挙行動や政党等の規範・慣行があるため、これを如何に克服するかが問題になります。やはり地方では政治の力が男女共同参画の推進力になりにくい傾向にあり、逆に保守的な勢力によるバックラッシュ（本書七八頁参照）の傾向もあるため、地方の政治面での改革が必要であるといえるでしょう。

(4) 政党の女性比率

さらに、政党のレヴェルで、男女共同参画が推進される必要がありまが、各政党の女性役員比率[*4]（二〇一〇年一〇月現在）は、下記のとおりです。民主党三・二%、自由民主党一一・六%、公明党一〇・五%、みんなの党〇%、日本共産党二〇・二%、社会民主党一六・七%、国民新党一六・七%、

＊3 『男女共同参画白書（平成二二年版）』五一頁参照。

＊4 内閣府男女共同参画局「女性の政策・方針決定参画状況調べ（二〇一一年一月）」三二頁参照。

たちあがれ日本一六・七％。いずれも二〇％以下の低い値ですが、これらのうち、社会民主党と共産党では、候補者比率について、一定のクオータ制の採用に積極的な意思があることが知られています。

実際、政党別女性立候補者比率をみると、二〇一〇年七月参議院議員選挙では、全体で二二・八％、民主党二五・五％（二七人）、自由民主党一六・七％（一四人）、公明党二〇・〇％（四人）、みんなの党一八・一％（八人）、日本共産党二〇・二％（一八人）、社会民主党三五・七％（五人）、国民新党一六・七％（一人）、たちあがれ日本一六・七％（三人）、幸福実現党二〇・八％（五人）、女性党一〇〇％（一〇人）等です。

これに対して、二〇〇九年八月の衆議院選挙では、全体としては、女性候補者比率は一六・七％になりましたが、これは、幸福実現党の女性候補者比率が高かったことも影響しており、二大政党は低い値でした（自由民主党八・二％、民主党一三・九％）。この二〇〇九年八月選挙における女性当選者五四名、比率一一・三％のうち、小選挙区での当選者は二〇名、比例選挙区が三四名であることからしても、問題は、女性当選者を増やすための選挙制度、比例代表における名簿登載順序、小選挙区における女性候補者の擁立にあることがわかるでしょう。

以上のように、日本の状況についてみてきましたが、このような状態は、男女共同参画の遅れを示すものであることは、いうまでもありません。

2　日本政府の取組みと課題

そこで政府は二〇〇三年六月に男女共同参画推進本部決定し、二〇〇五年一二月の第二次男女共同参画基本計画で「二〇二〇年までに指導的地位にある女性の比率を三〇％」にするという目標を設置して、閣議決定しました。（それに先立って二〇〇三年七月から二年間、ポジティヴ・アクション研究会が設置され二〇〇五年九月に報告書がだされています）。

また、二〇〇九年八月の第六次政府報告に対する女性差別撤廃委員会の総括所見[*5]でも、ポジティヴ・アクションの実施が勧告され、二年以内に民法改正と「暫定的特別措置」（後述）について、報告を求められました。

そこでますますポジティヴ・アクションを実施することが重要な課題となってきました。二〇一〇年一二月一七日に閣議決定された第三次男女共同参画基本計画でも、ポジティヴ・アクションの有効適切な実施が喫緊の課題として強調されています。とくに、政治分野について以下のように明記したことは、注目すべきことといえるでしょう。

(1)　政治分野における女性の参画の拡大

ア　国の政治における女性の参画の拡大

①国会議員における女性の参画の拡大

＊5「27．委員会は、締約国で、特に職場での女性及び女性の政治的・公的生活の参加に関して、男女の実際上の平等を加速し、又は女性の権利の享受を改善する暫定的特別措置が設けられていないことに、遺憾の意を持って留意する。
28．委員会は、条約第4条1及び委員会の一般勧告25に基づき、すべてのレベルでの意思決定地位に参加する女性を増加するための数値目標・タイムテーブルを有し、女性の雇用分野及び大学での女性等、政治的、公的生活での女性の参加に力点を置いた暫定特別措置を、締約国が採用することを要請する。」

・衆議院議員及び参議院議員の選挙における女性候補者の割合を高めるため、各政党に対して、インセンティブの付与、具体的な数値目標の設定、候補者の一定割合を女性に割り当てるクオータ制の導入などを検討するよう要請する。

②政党における女性の参画の拡大

・政党別の男女共同参画の推進状況について調査し、その結果を公表するとともに、各政党に対して、女性党員、女性役員、衆議院議員及び参議院議員の選挙における女性候補者の割合が高まるよう要請する。

（第三次基本計画　八頁参照）

ここでは、クオータ制の導入の検討などについて明記されていますので、ポジティヴ・アクションやクオータ制の観念や種類などについて、改めて、みておきましょう。

三　ポジティヴ・アクションの観念と種類

1　ポジティヴ・アクションの用法

歴史的に形成された構造的な差別を解消し、多様性を確保するための積極的格差是正措置として各国で実施されているものですが、その呼称はアメリカ、カナダ、オーストラリア等では、アファーマティヴ・アクション（ＡＡ）、ＥＵやイギリスではポジティヴ・アクション（ＰＡ）の語を用いています。フランスでは、アファーマティヴ・アクションの訳語として Discrimination Positive の言葉が使われていますが、「積極的差別」と直訳されるように、違法な逆差別というニュアンスが含まれるため、用法自体についても議論があります。そこで国連女性差別撤廃委員会一般的勧告二五号（二〇〇四年）では、女性差別撤廃条約四条にしたがって暫定的特別措置（temporary special measures）の語を用い、事実上の平等をめざした一時的な特別の措置として、締約国が立法・行政上その他広範な政策実践上で広く活用することを奨励しています。

日本では、一九九九年の男女共同参画社会基本法で「積極的改善措置」という用語が導入され、「男女間の格差を改善するため必要な範囲内において、男女いずれか一方に対し、（男女共同参画のための）機会を積極的に提供すること」（二条）と定義されています。

2　ポジティヴ・アクションの種類

ポジティヴ・アクションには多くのタイプがあり、態様・内容については、概ね次の三タイプに区別できます。

(I)厳格なPA／AAとしてのクオータ制・パリテ（交互名簿方式、ツイン方式、別立て割当制など）、

(II)中庸なPA／AAとしてのタイム・ゴールまたはゴール・アンド・タイム

テーブル方式（time-goals、目標値設定方式）、プラス要素方式（plus-factor としてジェンダーを重視する制度）など、

(Ⅲ)穏健なPA／AAとしての、両立支援・生活保護などの支援策、環境整備などです（但し、いずれも法的強制の有無等によって、厳格度に幅が生じます）。

上記のうち、日本の企業等でも奨励されているⅢ型の穏健な措置については殆ど法的には問題がありません。これに対して、入学試験時の優遇措置や公契約の補助金支出などがアメリカで訴訟になったほか、Ⅰ型のクオータ制のうち、法律による強制型についてはフランス・イタリア・スイスでは違憲判決も出されていて理論的にも問題があります。

3　ポジティヴ・アクションの適用範囲

世界の状況をみますと、ポジティヴ・アクションの手段が適用されている領域には、政治参加のほかにも、行政分野、労働分野、公契約（アメリカなどで州政府と契約している企業では、黒人差別撤廃のための措置を求める例などがあります）。このほか教育、学術分野などがあります。

四　クオータ制の種類と課題

1　クオータ制の種類

政治分野のポジティヴ・アクションの代表は、クオータ制（割当制）です。クオータ制にも、①憲法改正・法律による（法的）クオータ制と、②政党による（自発的）クオータ制があり、前者①は、議席自体をリザーブする型〔ⅰ型〕（インドやタンザニア等）と候補者割当型〔ⅱ型〕（フランスのパリテ法による比例代表選挙の男女交互名簿制、韓国・ベルギー等の男女交互名簿制など）に分かれます。最近では、欧米先進諸国だけでなくアジア・アフリカの発展途上国でのクオータ制導入傾向が著しく、クオータ制を採用した途上国が上位三〇カ国のうち約半数を占めています（本書一三七頁参照）。

これらのクオータ制は、上記の分類では厳格なⅠ型に属するものが多数ですが、その手法は多様です。議会選挙におけるクオータ（割当）制を採用する場合でも、(1)根拠規定（憲法・法律・政党内規など）、(2)実施形態、(3)強制の有無、について異なり、選挙制度として法制化されたもの、政党の内規や自発的行動によるものなどに区別できます。また、割当の対象も議席数・候補者名簿上比率・党内役員比率などが区別される。女性候補者ないし議席の割当の具体的割合も、実際に五％、二〇%、三〇%、五〇%など各種あります。

2　憲法改正（及び法律）によるクオータ制とパリテ

このうち、憲法改正（及び法律）によって強制的クオータ制およびパリテ（男女同数制）を採用した国に、インド・ウガンダ・タンザニア・ルワンダ等、およびフランスがあります。

前者の強制的クオータ制については、インドが、一九九三年の第七四回憲法改正により地方議会三三%の議席を女性に割当てました（二四三条T）が、これは旧カースト制による身分差別是正の特別措置を性別にも適用したもので他国とは事情が異なります。ウガンダでは、一九九五年の憲法七八条一項により五六の州に各一名の女性枠を割り当てました（二〇〇六年選挙の結果女性議員比率は二三・九%となりました）。タンザニアでは、二〇〇〇年選挙に先立つ憲法改正で女性議員枠を二〇%以上三〇%以下に定め、二〇〇五年選挙の結果三〇・四%になりました。

フランスの例　フランスの場合をみましょう。フランスでは、地方議会選挙の二五%クオータ制を憲法違反とする憲法院判決（一九八二年）があったことから憲法改正（一九九九年）が余儀なくされ、

図表6－4　クオータ制の種類

選挙制度／クオータ制のタイプ	比例代表制 i型：候補者名簿上の割当型（男女交互名簿式など）	小選挙区制 ii型：議席リザーヴ型，その他
①法律による強制型	韓国（50%），フランス上院，ベルギー，アルゼンチンなど	ウガンダ・タンザニア・ルワンダ等のリザーヴ制，韓国・フランスの立候補者割当（助成金による強制）
②政党の自発的クオータ制	スウェーデン，ドイツ，南アフリカ共和国など	イギリス労働党の All-women shortlist, twinning など

憲法三・四条に、公職における男女平等参画を促進する旨の規定が追加されました。さらに、公職における男女平等参画促進法（通称、パリテ法）が二〇〇〇年に制定されました。ここでは、(ア)比例代表（一回投票）制選挙（上院議員選挙等）では候補者名簿の順位を男女交互にする、(イ)比例代表（二回投票）制選挙（人口三五〇〇人以上の市町村議会議員選挙等）では名簿登載順六人毎に男女同数とする、(ウ)小選挙区制選挙（下院議員選挙等）では、候補者数の男女差が二％を超えた政党・政治団体への公的助成金を減額すること等を定めました。このうち(ア)・(イ)は実質的にクオータ制と同様の効果をもたらすものであり、(ウ)を含めた全体的な同数政策を、フランスでは、パリテ（男女同数）の言葉で総称しています。

このうち(イ)の二〇〇一年三月市町村議会選挙では女性議員率が二五・七％から四七・五％に上昇し、(ア)の二〇〇一年九月上院議員選挙では六・九％から二一・六％（三分の一改選のため議席では一〇・九％）に増えました。二〇〇四年九月の同選挙では再選ないし新たに選出された一二八名中女性は三一名で二四・二％となりました（全議席では一六・九％、ただし法改正により、二〇一〇年以降は六年任期で三年ごとに半数改選されます）。また、二〇〇三年四月の法改正により男女交互名簿式で実施されることになったレジオン（地域圏ないし州）議会議員選挙では、二〇〇四年三月選挙の結果（一九九八年の二七・五％から）四七・六％に増大しました。これに対して、(ウ)の下院選挙では二〇〇二年六月には主要政党が女性候補者擁立に消極的で、女性候補者率三八・九％、女性議員率は一二・三％（一〇・九％から微増）にとどまり、小選挙区制におけるパリテ原則実施の困難性が示されましたが、二〇〇七年には、一八・九％になりました。

3　法律による強制的クオータ制

法律による強制的クオータ制（Legislated Quota）は、割当対象について国会議員と地方議会議員、また議席の割当と候補者の割当に区別されます。すでにみたように議席の割当[ii型]（リザーヴ方式）には、バングラデシュ、パキスタン、タンザニア、ウガンダなどがあります。候補者の割当[i型]には、韓国（比例代表選挙の政党候補者名簿五〇％）、アルゼンチン（国会議員候補者三〇％）、ベルギー（国会議員選挙の政党候補者名簿五〇％）などがあります。

韓国の例　このうちとくに注目すべき例は、韓国の五〇％クオータ制です。韓国では、金大中大統領のもとで女性部（省）への昇格（二〇〇一年）、女性発展基本法（一九九五年制定）改正など積極的施策を実施しました。韓国では国会は一院制で、日本と同様に小選挙区・比例代表並立制を採用していますが、二〇〇四年年三月に政党法三一条四項を改正して、「政党は、比例代表全国選挙区国会議員選挙候補者中一〇〇分の五〇以上は女性を推薦しなければならない」と定め、国会議員の比例代表選挙に五〇％クオータ制を実現しました。また、同条六項により、小選挙区選挙についても候補者の三〇%以上を女性にする努力義務を課し、遵守した政党には政治資金助成金を追加支給することを定めました(この点は後に法改正)。上記の政党法改正直後の二〇〇四年四月の総選挙では、比例代表選挙区について全政党が候補者名簿に男女交互に登載し、小選挙区選挙でも一〇名が選出されて二九九名中計三九名の女性議員が当選して、五・九%から一三%になりました。二〇〇八年四月の選挙では、一四・七%にふえました。

ルワンダの例　これに対して、女性議員率世界第一位のルワンダ[*6]では、憲法によって下院の定数八〇名のうち、女性について二四名(三〇%)の議席割当制が定められていますが、そのほかに、比例代表選挙による地域代表部分五三、全国青年評議会の代表二人(二・五%)、障害者協会の代表一人(一・二五%)が選出される構造になっています。上院についても、三〇%以上が女性に留保されることが定められています。日本の選挙制度や代表制のあり方、さらにはポジティヴ・アクションの導入について構想する場合に、上記のような諸国のさまざまな取り組みも参考になると思われます。

*6　ルワンダ憲法七六、八二条。辻村後掲『憲法とジェンダー』二〇一頁以下、三〇六—三〇七頁参照。

4　政党内規による自発的クオータ制

政党による自発的クオータ制(Political Party Quotas)は、北欧諸国・ドイツ・南アフリカ共和国など多くの国で採用されています。とくにスウェーデンでは、一九七〇年代から名簿式比例代表制選挙の女性候補者の割合を四〇―五〇％にする目標が政党内で定められ、男女交互の名簿搭載方法により、女性議員率が四〇％を超えてきました。ドイツでも、社民党などで三三％クオータ制、緑の党では交互名簿方式によって五〇％クオータ制が採用されています。南アフリカ共和国では、二〇〇七年に与党ＡＮＣ［アフリカ民族会議］が候補者リストの女性比率を五〇％に引き上げ、政党内の自発的クオータ制を活性化することによって、二〇〇九年四月選挙で四四・五％の女性議員（世界第三位）になりました。

このほか小選挙区制を採用しているイギリスでも、労働党主導で種々の積極的措置（女性単独候補者制 all women shortlist、ツイン方式 twinning 等）がとられ、一九九七年総選挙で女性議員六〇人から一二〇人に倍増させました。二〇一〇年五月総選挙の結果は二二・〇％です。

五　クオータ制の問題点

1　一般的課題

クオータ制を中心とする厳格なポジティヴ・アクションについては、その効果が上記のように顕著に示されている反面、その合憲性をめぐる重要な理論的課題があります。おもな論点としては、①機会均等原則・形式的平等、②民主主義・

自由選挙（立候補の自由）原則、③主権の普遍性・不可分性などとの抵触があり、④（目標数値が五〇％未満の低い数値であった場合には、それがかえって女性の参画を抑制することになるという）「ガラスの天井」の問題もあります。

2 クオータ制の合憲性——違憲（違法）判決の例

とくに法律による強制的クオータ制については、実際に、憲法裁判所等の判決で違憲性が指摘された例があります。

(a)フランスでは一九八二年一一月一八日憲法院判決（No. 82-146DC）によって人口三五〇〇人以上の市町村議会選挙・候補者名簿二五％クオータ制を定める選挙法が違憲とされ、一九九九年の憲法三・四条改正と二〇〇〇年のパリテ法制定につながりました。理由は、主権者市民資格の普遍性、国民主権の不可分性、結果の平等に帰結することなどでした[*7]。

(b)イタリア一九九五年九月六日憲法裁判所違憲判決では、三三・三％クオータ制を含む地方議会選挙規程が、形式的平等原則違反、政党の結社の自由違反などを理由に違憲とされました。その後、二〇〇三年に憲法第一条が改正されてポジティヴ・アクション導入が明記されました。

(c)スイス一九九七年三月一九日連邦裁判所判決では、邦の代表を男女各一名にすることなどを含むイニシアティヴを連邦憲法四条二項（性差別禁止）違反とし、

＊7　詳細は、辻村後掲『憲法とジェンダー』第七章、糠塚後掲『パリテの論理』第五・七章参照。

理由として、性の不合理な不平等扱い、ポジティヴ・アクション審査における利益考量の欠如、能力に関連しない固定的クオータ制の違憲性、比例原則基準審査（機会の平等原則違反）、普通・平等（被）選挙権の侵害などをあげました。

(d)このほか、クオータ制ではありませんが、政党による強硬なポジティヴ・アクションが違法とされた例があります。イギリスでは、一九九六年一月一九日労働裁判所判決が、一定選挙区の全候補者を女性にした労働党の all-women short-list 政策を性差別禁止法違反としました。このため、二〇〇二年二月二六日に性差別禁止法が改正され、公職の候補者に関する積極的格差是正措置が例外として許容されることが明示されました。[*8]

3　クオータ制導入の正当化論

上記のような司法部の判断に対して、フランスやイタリアの政府はいずれも憲法改正によって、イギリスの政府は法改正によって問題を解決しました。理論的には、これらの問題はなお残っているといわざるを得ないのですが、下記のような解釈論で対抗することが可能であると考えられます。

例えば、①機会均等原則・形式的平等違反の主張に対しては、実質的平等・事実上の平等原則、②民主主義・自由選挙・立候補の自由違反の主張に対しては、選挙制度の立法裁量論、実効的手段・成果の実証性、③主権の普遍性・不可分性

＊8　辻村編後掲『世界のポジティブアクションと男女共同参画』二六七頁以下参照。

との抵触の主張に対しては、「半代表制」論（議会に有権者の意思が可能な限り正確に反映されることを求める代表制理論）[*9]、④「ガラスの天井」の主張に対しては、暫定性・漸次性などを反論として掲げることができます。

また、上記のフランスおよびイタリアの例とはちがって、韓国などクオータ制を採用している多くの国では違憲判決はだされていません。韓国の憲法裁判所は積極的に違憲判断しているため対応が注目されますが、女性開発基本法六条が暫定的優待措置に関する規定をおいていることもあり、韓国政府（女性部）や憲法学会では違憲ではないという見解のようです。

これらの例は、日本におけるクオータ制導入の可否を検討する際に参考になります。日本でも、女性差別撤廃条約（四条）を批准し、男女共同参画社会基本法で改善積極的措置を明示している上、日本の最高裁判所が選挙制度について広範な立法裁量論を採用して違憲判断に消極的であることからすれば、仮に法律によるクオータ制導入された場合でも、現実には、最高裁で違憲と判断される可能性は低いと思われます。しかし、理論的には、上記の諸論点について問題がないわけではありません。そのため、政党の自発的モデルが好ましいともいえます。

世界のクオータ制の問題を研究し、IDEAという国際機関とストックホルム大が協力して、WEBページで、世界のクオータ制について論じています。多くの著作を編集しているストックホルム大のダールラップ教授の論文（後掲、D.

＊9　本書第2章五四頁、辻村後掲『憲法とジェンダー』一九九頁以下参照。

Dahlrup, 2006）では、北欧モデルは、独自のもので参考にすべきではない、という意見を書かれています。すなわち、女性参政権が一〇〇年近く前に実現し、女性の高等教育も早くから確立され、さらに人口が少なくて日本で言えば市議会に女性が参加するような感覚で政治参加することができる北欧諸国とは、同じように考えることができないかもしれません。

実践的な問題以外に、理論的な課題がたくさんありますが、憲法学の基礎である国民主権や平等原則などの普遍主義と、女性の地位を問題とする差異主義との対抗関係を問題にすることができます。平等原則も、形式的平等から、実質的平等、さらに法の下の平等（égalité dans la loi）から、法律による平等（égalité par la loi）への展開があることから、クオータ制などのポジティヴ・アクションを正当化しうる、という議論ができるでしょう。

また、代表制論との関係でも、フランスの「半代表制」論のように、選挙民の構成や意思を可能な限り忠実に反映できるような制度が望ましいと解して、地域代表や女性代表・青年代表などの部分代表的な論理を承認する傾向が、すでにみたルワンダ共和国の憲法などに認められます。このような女性代表という発想は、フランスでは、国民主権の単一不可分性の原則から一貫して否定されており、パリテ導入に際しても、プロテスタント代表、障害者代表などを認めることは、共同体主義につながるものとして批判されました。

日本でも、憲法四三条一項[*10]が、国会議員は全国民の代表であるとすることから、参議院議員定数訴訟の最高裁判決で地域代表制・職能代表制という表現が用いられたことに対して憲法学説は強く批判してきたところです。

しかし代表制論自体の問題として、主権者の意思を可能な限り忠実に反映しうる選挙制度や「半代表制」を構想することは、国民主権原理とりわけ今日的な「人民主権」や「市民主権」原理にとって有益である点は否定できません。そこで、国民主権の普遍主義原理との調和、すなわち多元的民主主義をどこまで許容することができるか、という問題が次の検討課題になります。

ルワンダでは、すでにみたように、女性議員三〇%クオータ制に加えて地域代表・青年・障害者代表などにも女性が含まれたことから二〇〇八年九月総選挙で女性が四五議席を確保して五六・三%となりました。[*11]このような議席割当制（さらに他国のミニマム・クオータ制）は、多宗教・多言語の発展途上国で代表の多様性を確保するために導入されたものであり、今後、諸国での「多元的民主制（pluralistic democratic government）」に基づく国家運営のモデルとなることが予想されます。

＊10　第四三条「両議院は、全国民を代表する選挙された議員でこれを組織する。」
人民主権・市民主権との関係については、本書第2章五三頁以下参照。

＊11　辻村後掲『憲法とジェンダー』二〇一頁以下参照。

六　日本におけるポジティヴ・アクション導入の課題

1　日本の選挙制度とクオータ制導入の課題

日本でも、上記の状況と法的措置（男女共同参画社会基本法・男女共同参画基本計画）からすれば、政治分野における男女共同参画機会の格差を改善するために女性に対して機会を積極的に提供するためにポジティヴ・アクションを採用することが求められていると判断できます。上記の女性差別撤廃委員会勧告からしても、日本が加盟している女性差別撤廃条約四条一項の暫定的特別措置、ないし男女共同参画社会基本法二条の積極的改善措置を早急に推進することが急務となっています。さらに、このようなポジティヴ・アクションの導入は、実質的平等の要請をも含んだ日本国憲法一四条の平等原則のもとで許容されていると解することができ、上記男女共同参画社会基本法二条・八条、内外の諸文書等を根拠条文として実施することは十分可能と考えられます。但し、その手段によっては憲法に抵触する危険もあるため、採用する具体的措置の憲法適合性について、今後も個別・具体的かつ慎重に検討しなければなりません。今後は、明確な理論化とコンセンサス[*12]が急務であるといえるでしょう。

とくに、上記のクオータ制違憲判決等の議論からしても、法律によるクオータ

＊12　なお、二〇〇五年九月総選挙に際して、小泉首相が九月一一日の総選挙の小選挙区で反対派の選挙区に有力な女性候補者を送り込みました。マスコミはこれを「刺客」作戦と呼んで「劇場型選挙」をもてはやしました。また、比例代表選挙では、自由民主党の名簿の筆頭にいずれも女性候補者を置きました。このような女性候補者の擁立は、政党による任意のポジティヴ・アクションの導入であり、日本にとっては画期的なことでしたが、ポジティヴ・アクションに必要なコンセンサス作りのための議論は一切なく、その導入政策が政党の綱領などの形で明確に承認されたわけではありませんでした。まさに、「原理原則なきポジティヴ・アクションの政治利用」に過ぎなかったともいえますので、今後はコンセンサスを確立するための議論が必要です。

制の強制よりも、「政党による自発的クオータ制」が実現できれば望ましいことはいうまでもありません。但し、選挙制度との関係を論じることが不可避であり、北欧諸国等で政党によるクオータ制が成果をあげている前提として、選挙制度が拘束名簿式比例代表制である（男女交互名簿式を採用する条件がある）ことに注意が必要です。

とくに日本の選挙の実情からすれば、後援会組織や地方組織・企業組織を基盤とした利益誘導型・男性支配型・世襲型選挙において、「三バン」の弱い女性候補者にとって小選挙区制が不利であることは否定できません。このことは、例えば小選挙区比例代表並立制選挙での最初の選挙であった一九九六年の総選挙の結果、比例区では女性議員八％が当選したのに対して、小選挙区では二・三％にとどまったことに端的に示されました。

そこで、選挙制度との関係を重視する意味で、選挙制度を改正する場合と改正しない場合に分けて、今後の対応策について検討しておく必要があります。

(1) 現行選挙制度を改正しない場合　日本で、現行選挙制度を改正せずに政党による自発的クオータ制が大きな成果を上げることができるのは、まず、拘束名簿式比例代表制を部分的に採用している衆議院［比例代表選出］議員選挙です。（小選挙区制との並立であることから成果が限定されるとしても）定数一八〇について男女交互名簿式を採用すれば、九〇名の女性議員を当選させることができます。

また、非拘束名簿式比例代表制で実施される参議院［比例代表選出］議員選挙や、事実上中選挙区制で実施される地方議会議員選挙および参議院［選挙区選出］議員選挙においては、各政党が党の綱領などで候補者の半数を女性にすることを定めて実施することによって、大幅な女性議員の増加が期待できます。

さらに、小選挙区制で実施される衆議院［小選挙区選出］議員選挙・参議院［選挙区選出］議員選挙については、イギリスのツイン方式（twinning）にならって、近隣する二つの選挙区をペアにして、一方の候補者を必ず女性にすることによって、成果が得られると思われます。ただ小選挙区で女性議員が当選するためには、政党が小選挙区選出議員候補として女性を推薦することが前提であるため、候補者のエンパワーメント、政党幹部・女性議員・各政党の意識改革と積極的取組み、女性団体等の影響力増加などが重要です。

(2)　現行選挙制度改正を行う場合　次に、現行選挙制度の改正を視野に入れる場合には、拘束名簿式比例代表選挙制が女性議員増加に有効であることから、政治分野の男女共同参画推進に利する合理的な選挙制度として、この制度を多用することが効果的です。但し、男女共同参画目的のみで選挙制度を決定することができない以上、この制度が必然的・排他的に要請されていると解することはできません。多様な民意を反映させるために多様な選挙制度の採用が望ましい点からすれば、少なくとも、国会・地方議会議員選挙の半分以上に拘束名簿式比例選挙制が採用されることや、両院における比例選出議員の定員を増やすことが望ましいといえます。そのうえで男女交互名簿式による三〇％クオータ制や、名簿の六人ごとに三人、あるいは二人を女性議員にするなどの措置をとることによって、大きな成果をえることができるでしょう。

2　法律による強制的クオータ制導入をめぐる問題

前記のように、合憲性等に疑義のない形でクオータ制を導入するためには、法律による強制的クオータ制よりも、政党の自発的クオータ制が望ましいといえます。しかし実際には、政党の現状からして早急な成果が期待できるとは思えません。そこで、「法律による強制的クオータ制」導入の可否および合憲性も考えておく必要があるでしょう。但し、「法律による強制的クオータ制」にも種々のものがあるため、(i)対象（国会議員と地方議員）、(ii)類型（議席のリザーヴ型と候補者名簿の割当型）、(iii)強制方法（登録抹消、罰金、助成金減額など）と法律の種類（公職選挙法か、政党助成法・政治資金規正法か）、(iv)適用年限（強制期間）などに留意して区別して論じる必要があることはすでに別著で指摘したとおりです。[*13]

このうち、(ii)の類型については、発展途上国では即効的な手段として議席割当（リザーヴ）型が採用される傾向がありますが、日本国憲法四四条但書[*14]では、議員の資格について性別による差別が禁じられています。この点からすれば、第四

＊13　詳細は、辻村後掲『憲法とジェンダー』第七章参照。

＊14　本書五六頁参照。第四四条「両議院の議員及びその選挙人の資格は、法律でこれを定める。但し、人種、信条、性別、社会的身分、門地、教育、財産又は収入によつて差別してはならない。」

七条[*15]で選挙制度について立法府の裁量が認められ、憲法四三条の代表制を上記のように「半代表制」（本書五四頁、一五六頁参照）と解すべきことを考慮してもなお、議席割当（リザーヴ）制は認められないでしょう。このため、法律による強制的クオータ制として導入可能性があるのは、比例代表選挙における候補者名簿上の割当型であるといえます。但し、法律でこれを強制する場合には、すでにみたような諸国のクオータ制違憲判決に示されたように、とくに①形式的平等違反と、②男性候補者の立候補の自由と政党の自律権制約について、合憲性が問題となります。

①については、すでにPAの根拠規定についてみたように、憲法一四条にも実質的平等の保障が含まれ、かつ、女性差別撤廃条約と男女共同参画社会基本法によって、一定の暫定的特別措置が認められていることからして、即座にこれが憲法違反になるとは限らないでしょう。

②についても、立候補の自由や政党の自律権は、正当かつ合理的な公益目的があり、手続との間に実質的関連性がある場合には、制約が許容されることになるでしょう。とくに、日本では、憲法四七条で選挙制度の決定に関する立法裁量が認められ、最高裁判例（一九九九年一一月一〇日大法廷判決など）も選挙制度の決定について広い立法裁量を認めている（違憲審査基準も、緩やかな合理性の基準を採用している）ことからすれば、法律によるクオータ制の強制も、選挙制度の一部に

＊15　第四七条「選挙区、投票の方法その他両議院の議員の選挙に関する事項は、法律でこれを定める。」

採用する場合や名簿作成等について政党の自律性を確保している場合には、合憲となる可能性は大きいと思われます。但し、各種議会の議員選挙のすべてを拘束名簿式比例代表制にして男女交互名簿式を強制する場合などは、選挙によって多様な民意を多様な手段で反映させるという代表制論からしても、また、これによって（一部の男性候補予定者の）立候補権の侵害がもたらされる点からも違憲となる可能性があります。[*16]

3　その他のポジティヴ・アクション

(1)　党の綱領や内規による自主的な「内部クオータ制」導入

北欧諸国やドイツの例にならって、政党がみずから、男女共同参画社会形成のために、綱領等を作成して積極的な取組みをすることが強く望まれます。これまで検討したような選挙名簿上の女性候補者割当だけでなく、議員や党役員・党員の女性比率についても数値目標を定め、これをマニフェストに掲げて、有権者の支持を得る必要があります。日本では、前述のように政党の女性役員率は大政党ほど低い現状があることから、まず党役員と党員の女性比率を三〇―五〇％として、政党内の男女共同参画を実現することが先決です。さらに、女性候補者・女性議員を増加するために、政党内に候補者選定委員会を設け、男女の議員・党員・候補者に男女共同参画やジェンダー問題に関する研修を実施し、女性候補者を物心両面で支援するこ

＊16　実際、フランスの場合も、選挙制度が多様であるため、法律で比例代表制選挙の男女交互名簿式を強制しても、他の選挙制度で立候補の自由等が実現できる構造が確保されています。韓国の五〇％クオータ制も、並立制で比例代表部分の定数が少ない（二九九人中、五四人）こと、政党法では名簿掲載順位の指定はないことなどから、強制の度合いはさほど大きくありません。小選挙区制の部分の存在により政党の自律や立候補の自由が制約される度合いは少なくなっています。

とが必要となるでしょう。

(2)　女性のための立候補支援・財政支援　アメリカの女性候補支援団体のように、民間・政党レヴェルで女性候補者を財政支援し、候補者のリクルート・教育等の選挙支援を実施することは、憲法上問題はないため、大いに推奨できます。これに対して、国や地方公共団体が、公金を支出して、女性候補者のみに財政支援したり、訓練・研修を実施する場合には、（男性候補者に対する差別として）憲法違反となる可能性がないわけではありません。しかし、男女共同参画社会形成の目的のもとで、一定の数値目標等を達成するための一時的・暫定的特別措置として実施され、かつ目的と手段との間に実質的関連があると解される場合には、男女共同参画社会基本法で定めた積極的改善措置（ポジティヴ・アクション）として許容されると解されます。財政支援も低金利による貸与など合理的な方法であり、かつ選考基準が明確で、単に女性であるという理由で「自動的に」優遇するのではなく、具体的条件を加味して決定する場合には許容されることは、欧州司法裁判所の判例が示すとおりです。

(3)　緩やかなポジティヴ・アクションとしての両立支援策　男女とも家庭責任を果たしつつ公務遂行できるように、議事日程や勤務時間等の労働条件を改善し、議会内保育園の設置やＩＴ技術活用による在宅勤務を可能にするなどの改革を行うことが有効です。政治家を志す女性を増やすためにロール・モデルを提供し、政治への関心を高めるための教育や研修の実施などが、一層必要となることはいうまでもありません。

七　まとめ――コンセンサスをめざして

以上のように、政治分野におけるポジティヴ・アクション（とりわけクオータ制）の類型と手法の多様性を確認し、クオータ制の合憲性について検討したうえで、日本の選挙制度の具体的改革案について考察を加えたわけですが、その結果、次のことが明らかになったと思います。

(a)一般には政治分野のポジティヴ・アクションについてはクオータ制を中心に考える傾向がありますがそれ以外の穏健な手法も重要であること、(b)クオータ制についても法律による強制型と非強制型（政党の自発的クオータ制）、議席割当型と候補者名簿割当型など選挙制度に応じて種々の類型があるため、一律にその合憲性や採用の当否を決することはできないこと、(c)日本国憲法下では法律による強制型については合憲性の点で一部に問題も残るため、今後も理論的かつ具体的に検討を継続すべきであり、当面は非強制型の導入を推進することが望ましいこと、などです。

ポジティヴ・アクションの導入に当たっては、それが副作用を伴う即効薬であることから、その必要性・根拠・暫定性などについての十分なコンセンサスが必要であり、かつ、漢方薬型の穏健な手法と組み合わせて有効性を高めることが必要です。

日本の政治分野における男女共同参画を推進するために、政治学・憲法学・ジェンダー学等の研究者と政党関係者・行政担当者、さらに候補者・有権者市民が連携して取り組むことが必要であることはいうまでもないことです。

〔参考文献〕

内閣府男女共同参画局『女性の政策・方針決定参画状況調べ』（二〇一一年一月）

――同『男女共同参画白書（平成二二年版）』（二〇一〇年）

――同『諸外国における政策・方針決定過程への女性の参画に関する調査――オランダ王国・ノルウェー王国・シンガポール共和国・アメリカ合衆国――』（二〇〇九年）

――同『諸外国における政策・方針決定過程への女性の参画に関する調査――ドイツ共和国・フランス共和国・大韓民国・フィリピン共和国――』（二〇〇八年）

――同「ポジティブ・アクション研究会」報告書（二〇〇五年九月）

辻村みよ子編（東北大学二一世紀COEプログラム／ジェンダー法・政策研究叢書第一巻）『世界のポジティヴ・アクションと男女共同参画』東北大学出版会（二〇〇四年）

辻村みよ子『憲法とジェンダー』（二〇〇九年）

――「政治参画と代表制論の再構築」辻村みよ子編『ジェンダー社会科学の可能性（第三巻）壁を超える』岩波書店（二〇一一年近刊）

近江美保「女性差別撤廃委員会一般的勧告 no. 25」前掲『国際女性』一八号

市川房枝記念会編『女性展望』二〇一〇年一月号

糠塚康江『パリテの論理——男女共同参画の技法』信山社（二〇〇五年）

Miyoko Tsujimura et Danièle Lochak (dir.), *L'égalité des sexes et la discrimination positive en question,* Société de Législation Comparée, 2006.

——"Gender Equality and the Constitutionality of «Positive Discrimination»" in M.Tsujimura (ed.), *International Perspectives on Gender Equality & Social Diversity,* Tohoku University Press, 2008.

D.Dahlrup (ed.), *Women, Quotas and Politics,* 2006.

IPU (Inter-Parliamentary Union) http://www.ipu.org/wmn-e/world.htm

International IDEA http : //www. Idea.int/gender/quotas.cfm

あとがき——読書案内にかえて

この本には、①平和（平和的生存権）、②主権（市民主権）、③改憲問題、④人権（女性の人権、リプロダクティヴ・ライツ）、⑤ジェンダー平等（男女共同参画）、⑥ポジティヴ・アクション（クオータ制）などに関する、六本の憲法講演を収録しています。とくに今年（二〇一一年）一月から三月までに、広島・大阪・東京で①④⑥に関する講演を行い、それぞれブックレットなどに収録することを勧めて頂きました。いずれも大変重く、また時宜を得たテーマですので、それぞれを新書やブックレットに纏める意義は大きいと考えますし、実際にその企画も、一部進行中です。しかし私自身は、一人の憲法学研究者として、これらの問題を相互に関連付けてトータルな視点にたって「憲法から世界を診る」ことも重要なことと考えてきましたので、こうして一冊に纏めることができてとても嬉しく思っています。本書では講演で用いた多数のパワーポイント資料の一部しか収録することができませんでしたが、講演とは一味違った一冊になったのではないかと思います。さらに今後も、これらをめぐる内外の憲法状況が動き、男女共同参画の取組みが進展するなかで、新しい状況や資料などを踏まえた新たな別の講演を、続編として収録してゆければ幸いです。

ところで、それぞれの講演では、必ず、さらに深めて学びたいという方々から、「どんな本を読めばいいですか」というご質問を頂いてきました。各章の末尾には、そのテーマに関して直接関連のある参考文献を記載しておきましたが、以下に、私自身の著作(1)・(3)や他の主要文献(2)・(4)を列挙しておくことにします。

Ⅰ 憲法・比較憲法関係

(1) 自 著

まず、私自身の憲法・比較憲法・フランス憲法に関する研究成果あるいは教科書として出版した単著、編著あるいは共編著には、下記のものがあります（論文は省略します。一覧は http://www.law.tohoku.ac.jp/stuff を参照して下さい）。

単 著

辻村みよ子著『憲法（第三版）』日本評論社（二〇〇八年）

同『比較憲法（新版）』岩波書店（二〇一一年）

同『フランス憲法と現代立憲主義の挑戦』有信堂（二〇一〇年）

同『市民主権の可能性——二一世紀の憲法・デモクラシー・ジェンダー』有信堂（二〇〇二年）

同『人権の普遍性と歴史性——フランス人権宣言と現代憲法』創文社（一九九二年・

一九九九年重版）

同『「権利」としての選挙権――選挙権の本質と日本の選挙問題』勁草書房（一九八九年）

同『フランス革命の憲法原理――近代憲法とジャコバン主義』日本評論社（一九八九年）〔学位論文・第七回渋沢クローデル賞受賞〕

編　著

樋口陽一・山内敏弘・辻村みよ子・蟻川恒正『新版　憲法判例を読みなおす』日本評論社（二〇一一年）

辻村みよ子・長谷部恭男編『憲法理論の再創造』日本評論社（二〇一一年）

初宿正典・辻村みよ子編『新解説　世界憲法集（第二版）』三省堂（二〇一〇年）

辻村みよ子編著『基本憲法』悠々社（二〇〇九年）

杉原泰雄編集代表（山内敏弘・浦田一郎・辻村みよ子・阪口正二郎・只野雅人編集委員）『新版　体系憲法事典』青林書院（二〇〇八年）

フランス憲法判例研究会編（辻村みよ子編集代表）『フランスの憲法判例』信山社（二〇〇三年）

(2)　憲法関係主要著作　法科大学院や法学部でテキストとして利用されている最近の主要な文献および憲法入門書は下記のとおりです。

芦部信喜（高橋補訂）『憲法（第五版）』岩波書店（二〇一一年）

野中俊彦・中村睦夫・高橋和之・高見勝利『憲法ⅠⅡ（第四版）』（二〇〇六年、第五版近刊）
高橋和之『立憲主義と日本国憲法（第二版）』有斐閣（二〇一〇年）
長谷部恭男『憲法（第五版）』新世社（二〇一一年）
同『憲法入門』羽鳥出版（二〇一〇年）
長谷部恭男編『人権の射程』法律文化社（二〇一〇年）

Ⅱ　ジェンダー法学関係

(3)　自　著

ジェンダーの視点に立って憲法や法学を検討した単著、および監修・編著・共編著には以下のものがあります。

単　著

辻村みよ子著『ジェンダーと法（第二版）』不磨書房（二〇一〇年）
同『憲法とジェンダー』有斐閣（二〇〇九年）〔第二回昭和女子大学女性文化研究賞受賞〕
同『ジェンダーと人権――歴史と理論から学ぶ』日本評論社（二〇〇八年）
同『自治体と男女共同参画――政策と課題』イマジン出版（二〇〇五年）

編　著

辻村みよ子・大沢真理編『ジェンダー平等と多文化共生――複合差別を超えて』」東北大学出版会（二〇一〇年）

Miyoko TSUJIMURA and Mari OSAWA (eds.), *Gender Equality in Multicultural Societies*, Tohoku University Press, 2010

辻村みよ子監訳・解説［オリヴィエ・ブラン著］『オランプ・ドゥ・グージュ――フランス革命と女性の権利宣言』信山社（二〇一〇年）

Miyoko TSUJIMURA (ed.), *International Perspectives on Gender Equality & Social Diversity*, Tohoku University Press, 2008

辻村みよ子・河上正二・水野紀子編『男女共同参画のために――政策提言』東北大学出版会（二〇〇八年）（東北大学二一世紀ＣＯＥジェンダー法・政策研究叢書〈辻村監修〉第一二巻）

辻村みよ子・戸澤英典・西谷祐子編『世界のジェンダー平等――理論と政策の架橋をめざして』東北大学出版会（二〇〇八年）（同叢書　第一一巻）

辻村みよ子編『ジェンダーの基礎理論と法』東北大学出版会（二〇〇七年）（同叢書第一〇巻）

Miyoko TSUJIMURA and Emi YANO (eds.), *Gender and Law in Japan*, Tohoku University Press, 2007.

Miyoko TSUJIMURA et Danièle LOCHAK (dir.), *Egalité des Sexes: La Discrimination Positive en Question*, Société de Législation Comparée, 2006.

辻村みよ子・山元一編『ジェンダー法学・政治学の可能性』東北大学出版会（二〇〇五年）（前掲叢書第三巻）

辻村みよ子・稲葉馨編『日本の男女共同参画政策』東北大学出版会（二〇〇五年）

（同叢書第二巻）

辻村みよ子編『世界のポジティヴ・アクションと男女共同参画』東北大学出版会（二〇〇四年）（同叢書第一巻）

〈その他、二一世紀ＣＯＥプログラム「男女共同参画社会の法と政策」とグローバルＣＯＥプログラム「グローバル時代の男女共同参画と多文化共生」拠点の研究成果については、ウェブサイト、http://www.law.tohoku.ac.jp/gcoe/, http://www.law.tohoku.ac.jp/gelapoc/もご覧ください〉。

(4) ジェンダー法学関係主要著作・資料集

ジェンダー法学関係の資料や文献もたくさんありますが最近の主なものは左記のとおりです。

ジェンダー法学会編『ジェンダーと法（一号―七号）』日本加除出版（二〇〇四年―一〇年）

国際女性の地位協会編（編集委員山下泰子・辻村みよ子・浅倉むつ子・戒能民江）『コンメンタール　女性差別撤廃条約』尚学社（二〇一〇年）

小島妙子・水谷英夫『ジェンダーと法Ⅰ』信山社（二〇〇四年）

第二東京弁護士会両性の平等に関する委員会編『事例で学ぶ 司法におけるジェンダーバイアス（改訂版）』明石書店（二〇〇九年）

内閣府男女共同参画局『男女共同参画白書（平成二二年）』（二〇一〇年）

――『女性の政策・方針決定参画状況調べ（平成二三年一月）』（二〇一一年）

日本学術会議編『性差とは何か』日本学術協力財団（二〇〇八年）
山下泰子・辻村みよ子・浅倉むつ子・二宮周平・戒能民江編『ジェンダー六法』信山社（二〇一一年）

このほか、もちろん憲法学やジェンダー学に関する文献・資料は膨大なものがありますが、上記の私の単著・共著には、それぞれ参考文献一覧等を付けていますので、ご覧いただければ幸いです。これらの多くの先行業績に感謝するとともに、本書が人権・平和・ジェンダー平等と市民主権の発展のために何らかのお役に立てることを願っております。

最後に、この本の出版の企画から完成まで、大変お世話になった法律文化社の小西英央さんに心からお礼を申し上げます。

二〇一一年三月三〇日

辻村みよ子

第6章　政治参画とポジティヴ・アクション――クオータ制の合憲性をめぐって

上智大学グローバルコンサーン研究所主催国際女性デー記念シンポジウム（2011年3月8日・東京，「ポジティヴ・アクションとクオーター制導入の課題」）

東京外語大学・東北大学 GCOE 共催シンポジウム（2010年6月5日・東京，Law and Praxis for a Gender-Equal Society in Japan ―― The Constitutionality of Positive Action for Women's Political Representation）

日本女性会議・堺市主催日本女性会議2009・分科会（2009年10月30日・堺「政治参画とポジティヴ・アクション」

ドイツヒルデスハイム大学主催国際シンポジウム基調報告（2009年10月2日・ヒルデスハイム）

国際憲法学会主催ラウンドテーブル会議（2006年9月15日・ヘルシンキ，Egalité du Genre et la constitutionnalité de 'Discrimination Positive'）

東北大学21世紀 COE 主催・フランス立法協会共催日仏シンポジウム（2005年9月16日・パリ，Les notions de «positive action», d'«affirmative action» et de «discrimination positive» en droit comparé）

もとになった講演一覧

＊いずれも修正加筆・改訂済み

第1章　「人権としての平和」と日本国憲法——人権・平和・ジェンダーの相互関係

広島市立大学平和研究所主催連続市民講座（2011年1月21日・広島）

梨花女子大学主催講演会（2009年11月23日・ソウル，Peace and Gender）

ヘルシンキ大学主催国際シンポジウム基調講演（2009年5月28日・ヘルシンキ，Gendering Strategy for Peace as a Human Right : Toward the Construction of an Anti-Military Theory）

第2章　憲法政治と平和——問われる市民主権

憲法再生フォーラム主催シンポジウム（2002年6月13日・東京，「憲法政治に『憂い』あり——市民主権の観点から」，辻村みよ子・小森陽一『有事法制と憲法』岩波ブック no. 584，2002年所収）

第3章　２つの憲法観と人権・家族

全国憲法研究会主催憲法記念講演会（2008年5月3日・東京・一橋大学，「２つの憲法観——21世紀の人権・家族・ジェンダー」，全国憲法研究会編『憲法問題20』三省堂，2009年所収）

第4章　「新しい人権」とリプロダクティヴ・ライツ——代理母問題を考える

東北大学関西交流会（2011年2月19日・大阪，「新しい人権とは何か——生殖補助医療と『産む権利』をめぐって」）

第5章　ジェンダー平等と多文化共生——憲法から診た男女共同参画の課題

昭和女子大学主催女性文化研究賞（坂東真理子基金）受賞式（2010年5月25日・東京，「男女共同参画と多文化共生への法学的アプローチ——『憲法とジェンダー』の課題をめぐって」昭和女子大学女性文化研究所紀要38号，2011年所収）

■著者紹介

辻村 みよ子 (Tsujimura Miyoko)

東北大学大学院法学研究科教授

東京生まれ。広島大学付属高等学校・一橋大学法学部卒，同大学院博士課程単位修得後，一橋大学助手，成城大学助教授・教授を経て，現職。併せて東北大学ディスティングイッシュト・プロフェッサー，グローバル COE「グローバル時代の男女共同参画と多文化共生」拠点リーダー。日本学術会議会員，男女共同参画会議員，日本公法学会理事，ジェンダー法学会理事長等を務める。専門は，憲法学・比較憲法・ジェンダー法学（法学博士）。

主な著書

『フランス革命の憲法原理』（日本評論社，1989 年），『「権利」としての選挙権』（勁草書房，1989 年），『人権の普遍性と歴史性』（創文社，1992 年），『女性と人権』（日本評論社，1997 年），『市民主権の可能性』（有信堂，2002 年），*Egalité des sexes : la discrimination positive en question* (La Société de Législation Comparée, 2006, dir. avec D. Lochak)，『憲法（第 3 版）』（日本評論社，2008 年），『ジェンダーと人権』（日本評論社，2008 年），*International Perspectives on Gender Equality and Social Diversity* (Tohoku University Press, 2008, ed.)，『憲法とジェンダー』（有斐閣，2009 年），『多文化共生社会のジェンダー平等』（東北大学出版会，2010 年，辻村みよ子・大沢真理編），『フランス憲法と現代立憲主義の挑戦』（有信堂，2010 年），『ジェンダーと法（第 2 版）』（不磨書房，2010 年），『比較憲法［新版］』（岩波書店，2011 年），『憲法理論の再創造』（日本評論社，2011 年，辻村みよ子・長谷部恭男編），『新版 憲法判例を読みなおす』（日本評論社，2011 年，樋口陽一・山内敏弘・辻村みよ子・蟻川恒正著）

Horitsu Bunka Sha

2011年５月30日　初版第１刷発行

憲法から世界を診る
―人権・平和・ジェンダー［講演録］―

著　者　辻《つじ》村《むら》み《み》よ《よ》子《こ》

発行者　田　靡　純　子

発行所　株式会社 法律文化社

〒603-8053　京都市北区上賀茂岩ヶ垣内町71
電話 075（791）7131　FAX 075（721）8400
URL:http://www.hou-bun.com

印刷：中村印刷㈱／製本：㈱藤沢製本
装幀　白沢　正
ISBN978-4-589-03353-6